U0896994

妈妈如何帮助青春期男孩

培养杰出男人妈妈应从哪些方面着手

[美] 里克·约翰逊 著　杜冰 译

That's My Teenage Son:

How Moms Can Influence Their Boys to Become Good Men

北京联合出版公司
Beijing United Publishing Co.,Ltd.

献给弗兰克

我最爱的儿子，让我快乐的人

在所有动物中，男孩是最难管束的。

——柏拉图

如果没有被自己的孩子恨过，说明你没有当过父母。

——贝特·戴维斯（Bette Davis）

母亲是我见过的最美的女人，我的一切都得自于母亲。我所有的成功，都要归功于我从母亲那里获得的教育——道德的、智力的和身体的教育。

——乔治·华盛顿

在成为母亲之前，我有上百种如何教养孩子的理论。现在，我有了7个孩子，却只剩下一个理论：爱他们，特别是在他们最不可爱的时候。

——凯特·桑普瑞（Kate Samperi）

某种程度上，母子关系是一对带有悲剧色彩的矛盾。母亲在其中需要付出最炽烈的爱，而爱的目的却是帮助儿子离开自己，获得完全的独立。

——埃里克·弗洛姆

对孩子教育失当等于丢弃了那个孩子。

——约翰·肯尼迪

孩子们从不善于听从长辈的教诲，但是他们从不会错过模仿长辈的行为。

——詹姆斯·鲍德温

好多人对我说:“真是遗憾，你有一个大家庭需要操持。因此，长篇短篇的小说啊，诗歌啊，你再也没有时间去写了。”我看着我的孩子们，对他们说:“他们就是我的诗歌，他们也是我的长篇短篇小说。”

——奥尔加·马斯特斯（Olga Masters）

目录
Contents

麦克阿瑟将军的祈祷词

主啊！恳求陶造我的儿子，使他坚强到能够认识自己何时软弱，勇敢到在恐惧中仍能面对自己；使他在诚实的失败之中能够自豪而不屈，在得胜之时仍能谦逊而温和。

恳求陶造我的儿子，不至空有幻想而缺乏行动；引导他认识你（因此而认识他自己）——这乃是知识的开端。我祈祷，愿你引导他，不把他留在安逸和舒适之中，而是把他放在压力之下，艰难和挑战的磨练之中，好让他学习在风暴中站稳脚跟，并学会怜悯那些跌倒之人。

恳求陶造我的儿子，使他心清手洁，志在高处；使他欲驾驭别人之前，先懂得掌控自己；使他既心怀盼望又不忘记过去。在他拥有这些之后，我还要再求，加他足够的幽默感，使他能够庄重自守，却也不必过分看重自己。赐他谦卑，好使他常常记得：真伟大中有素朴，真智慧中有开放，真力量中有柔和。如此，我……才敢向你低声："我生命未曾虚度。"

致 谢

本书得以完成，需要感谢的人实在是太多了。

感谢我的编辑，令人肃然起敬的维基·克朗普顿博士（Dr. Vicki Crumpton），还有我最为喜爱的专职编辑巴布·巴恩斯（Barb Barnes）。他们比我聪明，为本书出力颇多，并不计个人功劳。

我还要感激出版集团的所有工作人员，感谢他们为本书的印制和销售所做的努力。要感谢的人太多，此处无法一一列出，请大家知道，我从心底里感谢你们每一个人。

感谢所有那些在幕后默默支持并帮助我们的教区项目使之成为可能的人们。无论你是作为捐助者、志愿者、祷告团或智囊团中的一员，苏珊娜（Suzanne）和我都为生活中有你的出现而感激上帝。没有你们的慷慨参与，我们不可能与身边那么多人的生活发生联系。我为你们的信心感到光荣。

引 言

一只脚留在男孩世界，另一只脚已迈入男人世界

养孩子如同在你的脑子里开了个保龄球馆。

——马丁·马尔（Martin Mull）

想象一下你正坐在昏暗的电影院里，空气中弥漫着爆米花的气味，脚下的地板由于洒了可乐而有些黏黏糊糊。女孩子们挤在前排叽叽喳喳地说笑着，而男孩则在后排嬉闹，并不断地耍宝卖萌。此时，光线完全暗了下来，电影的片花开始放映，一个低沉的声音在黑暗中回响："有这样一个世界，在那里，你那十几岁的儿子一放学便回家写作业，他一贯成绩优秀，用不着别人唠叨就主动收拾自己的房间。他的朋友个个出色，他定期洗澡，他衣着整洁，他还愿意去教堂做礼拜。"闻听此言，观众中那些十几岁男孩的父母都因惊奇而呼吸急迫，几个妈妈为如此美妙的憧憬感动得头晕目眩，甚至有一两个爸爸已在擦拭着眼角的泪水。

听起来像是一部梦幻电影，对吧？一些人大概以为自己进入了穿越电视剧中。我猜想天底下会有一些那样的男孩，但我的儿子不在其中，我认识的大多数人的儿子也不在其中。我的确认识一些父母，他们的儿子学业优异，并在体育和其他你能想到的课外活动中表现优秀，他们中的一些人考进了常青藤院校，或者进了著名的军校，或者其他高成就机构。就外在表现来看，他们都是完美的孩子，尽管随后的结果表明，并非所有这些孩子都像大家期望的那样成功，但这足以促使我问自己这样一个问题：我算是一个好家长吗？

在现实中，我知道的大多数十几岁的男孩都倍感挣扎，情况难遂人意。他们行为出格或举止叛逆，他们在身体上打眼穿孔，把头发剪得奇形怪状或染得五颜六色，文身，并穿着奇装异服。这些男孩中的很多人都爱惹是生非，甚至有的辍学、吸毒、性乱、撒谎、欺诈或偷盗。通常情况下，当孩子表现欠佳时父母会深感挫折，青春期对父母而言，往往是一段令人纠结的岁月。特别是对那些男孩的母亲而言，这段时光更是交织着困惑、生气，还有愉悦。

而另一方面，这个承载了父母无尽希望和梦想的青春男孩又是那般令我们着迷。我们热爱他们身上的良好习惯，欣赏他们做事时自然流露的令人称道的责任心。有时，当他们无缘无故冒出一句“妈妈，我爱你”时，这一爱意的表达由于日渐稀少而更令父母珍爱；而当儿子表现出勇敢和诚实时，我们的心也为骄傲涨满；当一道光从适宜的角度投射在孩子脸上，让我们隐约窥到未来那个潇洒男子汉的面容时，我们更是陶醉不已。

作为父母，我们都愿为子女倾尽全力，希望孩子健康、快乐、成长为栋梁之材。我们盼望孩子婚姻美满、子嗣幸福，希望他们的人生充实而美好。

青春期是一段充满无尽成长和变化的时光，也为男孩的人格塑造和发展提供了难以想象的机遇。在很短的几年里，我们的儿子从一个小男孩长成为一个大男人，身体、情感和生理的变化来得如此突兀，就如同他们成了科幻小说或恐怖电影里的角色（就像在电影《狼人》中，小朗·钱尼一下变成了狼人）。多么神奇呀，短短的时间内变化如此巨大!

我个人欣赏并喜爱男孩，即使是那些处在青春期中的男孩也不例外。养育男孩，和他一起做事、游戏或待在他身边，都充满了乐趣。他精力充沛，不断的进取令人振奋；他的强健体魄以及做事不计得失的风格，无论你身处其间还是从旁观看，都会激动万分。那些健康的男孩令生活情趣盎然、生机勃勃。

我的一双儿女如今都已成年，他们的年龄相差 20 个月，这使得我的家庭经历了约 10 年左右的某种形式的青春期纷扰（时间似乎长了些）。在我的记忆中，那是一段极为烦躁、混乱的生活，只是间或点缀着短暂的平静和理性的自省，就好似创世之初所发生的那种无限喧闹与动荡一般。尽管如此，那段时间仍是我们育儿过程中最令人回味的日子，自然也是最具挑战的时光。

让我举几个例子，看看我的孩子在青春期里都一遍遍惹了哪些麻烦（为了顾及他们的面子，我隐去了姓名和性别，只称呼“一个孩子”）：一次，当我和妻子外出去一个圣经研修班时，一个孩子（才 15 岁）“偷”走了我太太崭新的跑车去兜风。幸好，由于同胞间的争宠心强于彼此的袒护心，另一个孩子马上给我们打电话“出卖”了肇事者，我们不得不匆忙回家。又有一次，一个孩子用家里的小面包车拉着他的哥们儿，在一个治安糟糕的街区卷入了一场交通事故。还是那个孩子，有一次被一个挥舞棒球棍的痞子追得满街乱跑，我们的汽车前挡风玻璃也被砸得粉碎。另外有一次，一个孩子半夜溜出家门，步行穿过整个城市去他的朋友家，而我们是在第二天早晨起床后才得知孩子已经出门。

那些年，子女之间冲突不断，而我们从早到晚为了接送他们俩去参加各种体育项目、学校的各项活动和去教堂而忙得焦头烂额。毫不奇怪，他们与教练和老师间的矛盾不断，孩子们彼此之间也争斗不休，并与我们时有争执（我太太相信，由于对我们不满，其中一个孩子曾故意往卫生间的暖气上尿尿）。类似的冲突与摩擦难以胜数，像肆虐的潮水般在我家周而复始，这还不算由此引起的我们婚姻的紧张，以及养育两个如此活跃的少年带来的经济压力。

一些读者读完上述段落后可能会不解地发问："这家伙有资格写一本教人怎样做父母的书吗？"事实上，总体而言，我和我太太是非常好的父母，但只要你和这些激素分泌旺盛的孩子共处一室，想来上述那些情况总是难以避免。

通常，青春期孩子与其兄弟、父母都会在一定程度上存在紧张关系。在他们长大成人的过程中，会尝试各种新事物、体验新经验；而作为父母，我们的任务是让孩子成长，但要防止他们受到伤害。帕特里克·莫利（Patrick Morley）将之比喻为主人与他新养的倔脾气小狗之间的关系：散步时，小狗使劲拽它的脖套，因为它想要了解周围的环境。通常，主人会给它一定的自由，但当它要跑到繁忙的街道上时，主人就会拉紧套索。但小狗不满意了，对这样的保护毫不领情，它搞不懂，凭什么它不能走自己的路？[1]同样的道理也适用于青春期的孩子，他们总认为父母限制过多，但事实上，我们是在防止他们受到伤害。

此时，母亲便面临着挑战：她的小男孩需要“自行其是”以便开始学习成为一个男人，同时她又必须认识到，从很多方面来讲，她的儿子依旧是个孩子，比以往更需要充满爱意的指导和规范。但如果她把儿子看得过紧，他就要造反了，他急于体验生活以满足自己长大成人的愿望。确实，有些父母能够很好地处理这种矛盾，既为孩子即将融入成人世界做足了准备，又能保证他们的安全成长。这种成功的家教，首先来自于我们充分理解养育青春期男孩面临的种种挑战，然后凭借上天赋予父母的天然影响力，制订一套行之有效的教养策略。

我的一点期待

本书接续了我的上部畅销书《那是我的儿子——母亲如何影响男孩成为有个性的男人》（*That's My Son: How Moms Can Influence Boys to Become Men of Character*）。那本书的写作得益于我教授的一门课程，课程的题目是“勇敢的母亲——将男孩养成好男人”。我的初衷是指导那些独自养育男孩的单身母亲，但出乎意料的是，这个话题引起了所有女性的共鸣，而不仅仅是单亲妈妈们。从那时起，数以千计的女性（还有男性）参加了这个课程，她们中有教师、祖母以及孩子的姑姑婶婶们，也有要与男性同事和男性上司相处的职业女性，以及社会工作者和司法系统的女性雇员，还有其他形形色色的女性。她们被吸引过来，想要知道男人的秘密。许多女性，特别是那些在她们自己的成长过程中缺少父亲或兄弟的女性，非常渴望知道如何与男性进行沟通，和如何教给儿子那些起码的男性人格品质，比如尊重、自律和荣誉感。多数参加课程的女性告诉我，我的课程和作品中提供的知识，不仅帮助她们更好地了解了自己的儿子，还帮助她们更好地了解了自己的丈夫、老板、兄弟和父亲。

有评论认为，我的第一部作品是为单身母亲量身定做的，事实上那也确是我的初衷。而现在这本书关注的问题，依然是那些在生活中没有出色男人作为模仿榜样的男孩子们。事实上，形式和结构多样化的美国家庭产生了大量“缺失父亲”的男孩。尽管许多已婚女性否认自己的儿子正处于缺失父亲的状态，但实际上她们正独自抚养着自己的儿子，孩子的父亲要么是工作狂，要么酗酒或吸毒，要么对孩子态度冷漠，这些孩子同那些真正无父的孩子一样，都是成长中缺少父亲的参与。缺少成年男性的积极教导，男孩的成长就如同无舵的船只那样，任凭世俗的风与流行的浪裹挟而到处漂流。不仅如此，男孩的天性使他很自然地去模仿周围其他男人的行为，无论那些行为是好还是坏。

关注具体细节

我写作本书的目的是要帮助妈妈们认识到：养育儿子不仅仅要使他成为一个男人甚或是好男人，而是要培养他成为一个杰出的男人。我们的国家迫切需要杰出的男人：家庭需要杰出的丈夫和父亲；社会需要杰出的男性领导人；政府、企业和教会都需要杰出男性的参与。我在心目中为杰出男人的养育设定了一个检验的标准，那就是他要配得上迎娶我的女儿。诚然，我的标准定得很高，恐怕难得有几个人上得了候选名单。但是，假如一个社会对它所要培养的男人不抱更高期许的话，它势必会自食苦果。

我在第一本书里讨论了男孩阶段以及阳刚之气这两个主题，本书是在前书基础上对上述主题进一步的展开和深入。我不愿意重复在《那是我的儿子》中已写过的内容，因此在阅读本书之前，阅读或重读前面那本书是个不错的选择。

本书将帮助你了解自己的儿子，了解他在青春期时所经历的身体、精神、心理和情感上的具体变化。它将使你懂得如何最有效地与儿子沟通，告诉你为使孩子成为一个身心健康、能够造福一方的男人，你需要培养他哪些个性。另外，书中还将指出那些具有破坏性甚至危险性的品行，在孩子通往成人的道路上，你必须对它们加以警惕。本书将有助于你认清自己所属的女性世界同你儿子将归属的男性世界存在的种种差异。你将能更好地理解，随着性的觉醒与发展，孩子面临的种种挑战，而这将影响他们一生生活的方方面面。

从我的研究和经验看，有三个主要的因素（或曰成功的柱石）对培养男孩成为男子汉至关重要，即教育、品格和生活技巧。请在阅读本书时，牢记这三个因素。本书中的多数内容会使你感到鼓舞和深受启发，但仍有一些话题可能引起你的不安，请不要因此而泄气。请记住：事实并不由我们的好恶而改变，一味回避麻烦将置我们于危险的境地，与其日后后悔痛苦，不如现在就正视这些麻烦，至少你将对儿子的内在情况有一个精确的了解（也许有时令人心生畏惧）。运用这些知识和自己作为女性与母亲的天赋，你将帮助他成长为一位济世俊才，一位你愿意骄傲地称之为男子汉的儿子。

Chapter 1

变化中的身体和心智：我的小男孩身上发生了什么？

His Changing Body and Mind: What Happened to My Little Boy?

青春期时，男性的一只脚还留在男童的世界里，而另一只脚已踏入男人的天地。此时，他的身体发生着快速的生理变化，他的大脑也在发生变化并改变了思考方式和处理信息的方法。甚至，他的情绪也处在转变当中。这是一段令人困惑的时光：一会儿他觉得自己是个小孩，过一会儿又觉得自己像个大人。

如果没有被自己的孩子恨过，说明你没有当过父母。

——贝特·戴维斯（Bette Davis）

在今年圣诞节期间，我姐姐租了一辆高级客车，带着家族的23个成员，到位于好莱坞下城区豪华、古老的潘塔吉斯剧院（Pantages Theatre）去看了一部名叫《圣诞怪杰》（*How the Grinch Stole Christmas*）的电影。在我们的坚持下，我和太太坐在靠近汽车后排的位置，紧邻几个十几岁的侄子以及他们的朋友们（孩子们要比成年人更为激动）。有趣的是，我的小侄女们和其他女孩都喜欢同大人一块坐在前排，一路上她们都饶有兴趣又面露不屑地打量着男孩们。

在前往剧院的途中，观察这些青春期男孩的表现非常有意思。首先，男孩们尽其所能模仿动物的叫声，听他们破着嗓子发出的声音是一种独特的体验；很快，模仿秀变成了纯粹的搞怪，巨大的噪音惹得听力所及范围内的（大概有两个街区那么远）妈妈们心烦意乱。接下来，他们在大量的时间里，用语音、图画和有关体液或身体功能方面的故事相互取笑，尤其是那些与排泄物及呕吐物相关的词特别受他们欢迎。当一个孩子挖苦另一个孩子的缺陷或丢人的往事时，其他孩子也跟着一块起哄。运用身体的不同部位，比如腿毛、腋窝、眼珠、鼻孔和舌头，每个孩子都演示了自己的绝活，这些特异功能和稀奇古怪的小把戏多少有点令人作呕，却令男人们看了多半会心怀敬意和羡慕（甚至给我也留下了深刻印象）。然后，他们开始吹嘘自己的胆量，讲一些自己曾甘冒生命危险或不惜缺胳膊断腿做过的壮举，在我看来，那些行为除了证明自己的男子气概（或愚蠢）外别无目的。随着气氛的逐渐热烈，男孩们开始比赛打响嗝，紧接着是比拼臭味的耐受力。最后，他们开始彼此角力、互相打闹，除了短暂的停歇外，始终乱哄哄的，让人不堪忍受。好在母亲对孩子们的表现已经习以为常，因而可以视而不见，这一点令我高兴。几个年纪较小的男孩也混在大孩子堆里，一边激动地看着，一边努力想要掺和进去，他们盼望得到“青年帮”的真传秘籍。

我们总算到达了目的地，男孩们个个都像在捆草机里滚了一圈似的，母亲们花了好几分钟时间帮自己的儿子扯平衣服、抚平乱蓬蓬的头发。

“男人嘛，你得爱他们。”一位母亲干巴巴地评论道，她一边看着孩子们胡闹一边说，“一个13岁的男孩同我的丈夫已经没有多少区别了。”她很可能是对的。如同电影《宿醉》（*The Hangover*）中表明的那样，孩子们的种种恶作剧有些是很独特的，并且都很有趣，但没有什么是令人感到意外的。坦率地讲，除了做得更加卖力以外，男孩们的种种胡闹同我当年一块打猎的哥们儿没多少区别。老男人们缺少的只是胡闹的体力，不过，他们的技艺却已百炼成钢了，此乃上帝创造男人的一种方法。

男孩的世界

对于男孩和他的父母来讲，青春期常常是一段艰难的时光。与以往相比，现代男性进入青春期的年龄更早，停留的时间更长。迈克尔·古里安（Michael Gurian）以及其他发展心理学专家认为：当代人的青春期从 9 岁开始，一直持续到 21 岁。[1] 青春期时，男性的一只脚还留在男童的世界里，而另一只脚已踏入男人的天地。此时，他的身体发生着快速的生理变化，他的大脑也在发生变化并改变了思考方式和处理信息的方法。甚至，他的情绪也处在转变当中。这是一段令人困惑的时光：一会儿他觉得自己是个小孩，过一会儿又觉得自己像个大人。再加上男性天然的不善言辞和感觉迟钝，他甚至根本搞不清楚或说不明白自己的感受到底是些什么，恐惧、兴奋、迷惑和气馁一时都混杂到了一起。

男孩的世界很像一个微缩的成人世界，但两者的区别在于男孩缺乏经验，这使得那些成人尚且犯难的种种问题，在孩子这里被加倍地放大了。男孩个个争强好胜，在他们眼里，男人永不言败，必须坚忍并从不哭泣（至少不在人前流泪）；男人不能让任何人欺负和控制，不能暴露自己的弱点而被他人利用；男人从不表露自己的情感，因为那样做过于脂粉气。

男孩的世界里充满了对性的焦虑、对同性恋的歧视和对同伴压力的恐惧。一旦被自己的同伴贴上诸如软弱、多愁善感、娘娘腔或无能等“标签”，就会招致羞辱和其他男孩的欺凌，因为男孩都急于通过欺负弱者以显示自己的男子气概，从而使自己不致也成为牺牲品。甚至仅仅是流露出一些孩子气，或者表现得过分敏感与脆弱，都会被视为软弱可欺。而那些身材矮小或是性成熟较晚的男孩则极受煎熬，他们的男性资格被不断质疑，并不断受到嘲笑，这有时会招致终身难以愈合的伤痛，即使日后他们实际上已成为一个多么雄壮和成功的男人。

性发育期（生理变化）

在 9~13 岁之间，多数男孩进入了性发育期。性发育标志着青春期的开始，在这一时期，男孩的身体发生着巨大的变化，使他几乎成了一个男人。男孩的身体不断长大并开始生出更多的肌肉，他的嗓音低沉了，汗毛从身体的各个部位钻出来。不过，虽然表面上他已显现出了一个大男人的样子，但内心里仍是一个小男孩，需要比以往更多的来自母亲与父亲的监护和指导。然而，尽管依旧需要父母，他却开始渴望独立，为日后的离家做着准备，这种矛盾的心情常能引起母子之间的隔阂与关系紧张。

下面将列举一些我们观察到的男孩与女孩之间行为特点的差别：男孩喜欢互相打斗，愿意攀爬看到的一切物体，一有机会便没完没了地跑、跳和打闹；女孩则更加协作，通过一块玩而彼此关系更为亲密；女孩的寿命更长，她们在一定的压力环境下表现得更加出色，但同时也比男孩更多地受到抑郁症的折磨；男孩更易被诊断为多动症，他们往往不善言辞并较晚学会阅读，但他们更加主动进取、不畏风险、富于冒险精神。自行其是往往是男性的做事风格，为了掌握一门手艺，男性普遍采取独自钻研的方式，他们会轻易贬低别人的主张，甚至也轻视自己的情感。这种处事方式，使男人在内心里至少会把物的因素（如机器、计谋等）抬高到和人的因素同等重要的程度。[2]

我曾开玩笑说，在我女儿 13~17 岁青春期时，她的身体被外星人附体了；等到她 18 岁时，外星人奇迹般地离开了，那个我们熟悉和热爱的女儿又回来了。在性发育期，尽管女孩的变化更为剧烈一些，但男孩也同样经历着生理、心理和情感上的巨大改变。

青春期通常由早期、中期和后期三个阶段组成。在早期阶段（11~13 岁），男孩会闷闷不乐，为一丝不知自己是谁的感觉而苦恼。此时，他更愿意通过行动而不是言辞来表达自己的感情。他对家人的依恋减少了，而朋友则变得更加重要；他认识到自己的父母并不完美，而朋友圈对他的影响力变大了。青春期的中期阶段（14~17 岁），男孩交替地感受着自我膨胀和自我贬损两种极端情绪的支配，并开始格外在意自己的外貌。他开始抱怨父母干涉自己的独立，并给予父母比较低的评价。在此阶段，他对自己朋友圈的认同感非常强烈。青春期的后期阶段（17~19 岁），男孩学会了克制欲望推延获得满足的时间，他开始全盘考虑问题并学会了妥协，他有了更好的幽默感，对用语言表达情感也更加在行。

男孩在性发育期间的生理变化

- 身高和体重增加；
- 腋毛和阴毛开始生长，脸上出现胡须，腿部的汗毛变粗；
- 肌肉变得更加有力；
- 声带变厚、变长，声音开始低沉；
- 体内血红细胞的数量增加；
- 汗腺和皮脂腺更加活跃，体味开始改变；
- 开始出现青春痘；

- 一些男孩会出现小量的、临时性的乳房组织；
- 生殖系统开始产生精液。[3]

男性和女性的体内都存在着睾酮激素（testosterone），不过在男子体内的含量要大很多。在性发育之前，男孩和女孩身体分泌相同数量的睾酮激素，但在性发育期间，男孩体内的睾酮激素量平均增加了10倍。[4]

当睾酮激素进入青春期男孩的血管开始它的旅程时，它实际上正将这个男孩转变成一个男人。男孩的嗓音变得低沉，出现了大块的肌肉组织，他长出了胡须和体毛，并且更加容易被激怒。睾酮激素也改变了男孩的行为，使他去着意吸引姑娘们的关注。他主要是用行动来吸引异性，比如参与危险的活动、与其他男孩竞赛以争得地盘而斗狠，等等。这些行为似乎是跨越文化传统的，它们发生在所有小伙子身上而不论其生存环境、风俗或是种族如何。青春期男孩热衷参与危险的活动，这成了一个重要的原因，使得这一年龄组的死亡率在全球范围内都高于其他年龄组。

当青春期时，你的儿子总在渴望独立和需要父母保护之间反反复复。这一天他觉得自己已经长大成人，渴望独立；而另一天他又变回了那个易受惊吓的小男孩，需要在父母的照顾下获得安全感。

青春期的男孩往往精力极为充沛，迈克尔·古里安在《男孩的奇迹》（*The Wonder of Boys*）一书中，这样描绘男孩所孕育的巨大能量：

那种能量被睾酮激素推动着，沿着由身体结构规定的通道，在男性思维方式的引导下，成为以下三种行为模式的主要动力，你很可能在男孩的身上注意到了这些行为：

1.总是迫不及待地迅速满足自己的欲望，包括吃饭时狼吞虎咽、做事时诸事并举不断来回切换、渴望快速征服异性等；

2.行动迅速，希望快速解决问题，即使在复杂的感情领域也不例外；

3.喜欢从事体育运动或其他内容浓缩、任务单一的活动，通过这样的活动累积身体的紧张感，并在最后将其突然释放以求满足。[5]

当男孩体内有如此大量的睾酮激素时，你又能期待什么呢？

睾酮激素——对身体和头脑的影响

就目前所知，没有任何其他物质对男人性征的影响如睾酮激素那般巨大。睾酮激素不仅在生理上将一个男孩变成了男人，并且决定着他的行为方式和性欲，甚至还可能决定他赖以谋生的方式。事实上，终其一生，一个男人做出的每个决定几乎都受到了睾酮激素的影响。

无论是在人类还是雄性动物体内，睾酮激素都会促生肌肉、煽动争斗和增进性欲。在人们的固定印象中，睾酮激素总是与暴力、愤怒、攻击、性和力量相联系的。尽管这些固定印象未必全为事实，但在人类社会中，睾酮激素水平的高低确实与竞争欲、性欲和对社会地位的渴望程度直接相关。而在动物世界中，拥有更高睾酮激素水平的动物会表现出更强的统治力和攻击性。我怀疑，在人类早期，当力量和攻击性还是生存所必需的宝贵本领时，男性也更富攻击性，是文明教化让男人学会了控制自己的本能冲动。

年轻的男人为什么会不顾生命危险地喜欢冒险和竞争呢？他们为什么喜欢探索又不计后果呢？睾酮激素正是背后的原因。男性甚至喜欢破坏（所有年龄的男人都喜爱爆炸和枪炮的火力），他们热爱速度，喜欢与同伴比拼，他们从不节制任何一种力量——在他们看来，力量越多越好。

男性体内睾酮激素的水平是随环境而波动的。举例来说，在体育比赛中，男性的睾酮激素水平将升高，在白热化的竞争中，运动员的睾酮激素水平会依比赛的进行情况而起落，其中获胜者的睾酮激素水平会比较高，而失败者则较低一些。不仅如此，甚至那些看台上的男性观众们也不例外，他们的睾酮激素水平也随着自己队伍的表现而起伏。[6]

睾酮激素水平较高通常使男性更为自信，更为决断，更加大胆和强壮，并使男性具有更为积极的领导风格。当然，很多女性也在不同程度上有上述这些特点。但显然，在喜欢当领导并掌握大权方面，男性有更强的生理冲动。

情感的变化和面临的挑战

从情感方面来看，青春期的男孩非常脆弱，当然光看他们的行为你也许还不能理解这一点，但他们的脆弱是千真万确的，这

在一定程度上是由于他们大脑的发育相对落后所致。男性对于感情的理解和处理都比不上女性，女性大脑的胼胝体（这是连接左右大脑的一簇神经）较大，这使女性有能力更好地处理复杂的情感数据，因为处理情感信息需要大脑的左右两部分彼此联络以共同协作来完成。另外，女性左右大脑中负责感情处理的区域也相应地大于男性，正如古里安所言："男性的大脑额叶比女性的发育更为缓慢，而那里正是大脑用来处理大量社交和认知信息的地方，是决定人们之间情感关系的地方。"[7]

从人类史的角度考虑，女性大脑的进化是与照顾孩子的需求相适应的，因而发展出了更好的情感技巧。与之相反，男性的大脑主要围绕着捕猎和建筑设计等空间活动而发展，捕猎需要能够紧随一件在空间穿行的物体（猎物），并用另一件物体（石头、长矛或子弹）将其击中。同样的技巧在体育比赛中也是必需的，很多男性擅长此道便不足为怪了。于是，男性的"猎人大脑"更加关注于目标，关注猎物的外在，而不是它们的情感。例如，一头鹿在男人看来只是供族人食用的猎物。古里安如此描绘了男女大脑上的差异：

同我们可能希望的不同，男性的大脑可不会花多少时间来处理一头鹿、一只球或一名敌兵的感情问题，假如他花了很多时间去想象目标的感情，那可就没工夫去履行自己的使命了。在打猎时，猎手要做的只是战而胜之，他要通过战胜猎物，将其变成对自己和族群有用的东西。而与此同时，女性的大脑非但没有远离而且是朝着处理对方情感问题的方向进化，持续不断、全心投入的育儿工作（以及对老弱病残的照顾），促使大脑结构有了相应的进化，以进行更深层次的感情处理。[8]

因为男性的主要任务是狩猎、打仗和守护，他们的大脑因而进化出了更强的空间能力，以增强对大小、深浅和距离的判断。他们同时被有目的地削弱了情感和语言能力，使同情心变得更少一些，因为如果抱有太多的同情，你就很难杀生取食或者杀敌保家了。[9]

青春期男孩的内心都很脆弱，但是为了加以掩饰，他们往往对人装出一副坚强的外表。年轻男子经常摆出一副攻击的架势并认为这是自尊的表现（其实不过是给自己套上盔甲而已），但这其实不过是虚狂和矫饰，而非健康的自尊。在青春期里，男孩往往在情感上比较迟钝，他的感情发展似乎更为直截了当，而不像女孩有那么多的起伏跌宕，但他往往会为无法更好地把握自己的情感而苦恼。[10]

母亲们常常提到，她们的儿子（或丈夫）不愿谈论自己的内心感受，其实很多时候，男人们对自己的情感要么懵懂无知，要么难言其状。

在一次午餐时，我偶尔听到了一个与我年纪相仿的女士同一个青年男子的谈话。青年提到他已有多年未同父亲联系，女士则问他是否为此感到伤心，那个青年的反应是："不伤心，一点都不。"但他的表情和肢体语言很明显地表明，他已为此感到伤痛。感情问题令青年男子感到困惑并难以招架，如果承认自己受到了伤害并为此而伤心，便是承认了感情问题的存在，便不得不给予重视并被迫去应付。但只要他拒不承认感情的存在，他就会省却诸多的麻烦和苦恼。

母亲可以帮助青春期的儿子理解自己的情感，并引导他去处理好这些情感。不过需要记住的是：男性很少像女性那样，通过交谈来解决情感问题，特别是当他感到伤心、羞辱和软弱时，他将更不愿意谈及自己的感觉。

不过你可以采用其他方法，比如谈论电影里的例子或离现实较远的情景。举个例子，如果电影里的某个男演员经历了一次巨大的感情挫折，那么，和你儿子讨论那位演员的经历能帮助他更好地理解自己的情感。并且，谈论你自己在相似情况下的体验和经验，也可以起到示范和帮助作用。在第 6 章，我们将进一步探讨男孩的感情生活。

因为男性常常关闭闸门，不让更多的感情流露出来，我们往往便以为他们的感情迟钝，或者没有女性那样情深意长。其实与之相反，虽然男性不像女性那样公开表达自己的痛苦或受到的伤害，但他们心里遭受的创伤却一点也不比女性少。或许，无力表达自己的感受甚至会加重伤害的程度。要知道，即使他们摆脱了侮辱、嘲笑、欺凌和挫折，他们仍会被这些经历深深地影响，只是不愿提及罢了。

看来，帮助一个男性治愈心理和情感创伤的最好方法，就是鼓励并帮助他在其所重视的事情上取得成功。一个因击不到棒球而受到取笑的男孩，一旦当着冒犯者的面击出本垒打，便会立刻忘掉遭人嘲笑的伤痛。因为，男孩天生就崇尚身强力壮，如能在某些方面出色地运用身体，那将成为他心灵的天然补药。

心理和精神的变化

受传统观念的影响，许多父母认为青春期的孩子就是年纪小一点的成人，已有能力凭借自己的分析做出理智的决定。诚然，青春期后期的确是帮助男孩发展判断技巧的有利时机，但一直要等到25岁左右，大脑中掌管决策部分的额叶前皮质才会发育成熟。额叶前皮质是大脑中负责客观分析、批判性思维、控制冲动和理性判断的部位。虽然在孩子18岁上大学时，我们便期望他能做出好的决策，但这可能只是不切实际的奢求。实际上，纵使他想做出好的决定，恐怕也没有那份本领。当然，这不应成为那些糟糕选择的开脱和借口，但却能为那些荒唐决定提供一种合理的解释。

另外，青春期的孩子开始发展批判性思维的能力，并开始理解那些以前不得要领的概念。认知能力的发展使他们有能力领悟抽象的思想，他们开始思考未来，并提高自己的道德判断能力。我儿子在发展他的相关智力时，曾经历了一个既教条又争论不休的阶段，很多时候，我简直要被他逼疯了。

在青春期，你儿子的精神世界也在发生着巨大的变化。他会经常对自己的所作所为感到迷惑不解，随着体内睾酮激素水平的波动，他可能很容易被招惹，他需要学会一些控制攻击性冲动的技巧。举例来说，他可能为了一点小事就大发雷霆；有时他会变得焦虑、恼怒，对自己和他人都毫无耐心；他会轻易且莫名其妙地发火；他会不合时宜地大嚷大叫着表达自己的意见，而这样做仅仅是为了让自己感到痛快。在睾酮激素的刺激下，他体内的肾上腺素开始激越澎湃并给他带来快感，如果不加以控制，他会上瘾的。

当我儿子的青春期开始时，在家里，他有时会变得吵闹、沮

你儿子也会经历这样一个自我认知的阶段，对自己所做的每件事都很在意。他的脑子里会有一个想象的观众，并认为世界上的每个人都在注视自己，并且评判自己，他会为自己是否正常而感到担忧。这实际上是青少年自我关注的一种表现，在他的世界里，他觉得自己正是宇宙的中心。

丧并试图把自己的意志强加于他人（特别是女性）。我不得不给他解释，那些在他体内涌动的睾酮激素正在起着什么样的生理作用。我告诉他，为了自己和他人的幸福，尽管很难，但男人必须学会控制自己的冲动和情感爆发，而当睾酮激素水平下降后，控制这些冲动便更为容易。此后，每当他有不当行为时，经常是只需一个眼神，便足以提醒他记起那些行为的原因和他自己要担负的责任。

你儿子也会经历这样一个自我认知的阶段，对自己所做的每件事都很在意。他的脑子里会有一个想象的观众，并认为世界上的每个人都在注视自己，并且评判自己，他会为自己是否正常而感到担忧。这实际上是青少年自我关注的一种表现，在他的世界里，他觉得自己正是宇宙的中心。

尽管此时他还沉浸在以自我为中心的世界里，但是，新世界的地平线已逐渐显现。随着孩子心智的成长，他将开始思考更多抽象的概念，他的视野将会扩大，他将会看到更为宽广的天地。随着年龄的增长，他的个性和情感将趋于稳定，他将寻求更为真诚的人际关系，他将变得更加独立。

这是使他的心灵和身体一起成长的最佳时机，在你的监护和用智慧撑起的保护伞下，他尝试着做出选择并开始理解随选择而来的种种后果；他开始学习批判性思维的技巧；通过不断的尝试和失败，他发展出了自己的品格。但假如他处在一个缺少保护的环境里，那些尝试和失败便很可能将他击垮，从此改变他的命运。不过，你要允许他自己做出选择并承担相应的后果，以便他从中学到教训。你还要指导他在做出重大选择之前如何进行批判性的思考，以避免完全被情绪和感觉操控。由于女性更偏重于直觉和感性，因此作为母亲的你要切记，在施加自己的影响时，你的女性风格里应揉入一些更为直率、更讲求逻辑性的男子化气派。男孩终将长大成为男子汉，而假使他在决策和处理生活问题时总采用女性的方式（做决定时主要以情感代替原则），那他就难有出色的作为。但在另一方面，在你的影响下，他会懂得慰藉、热爱、呵护、同情和扶危济困，这将帮助他成长为一个健全、健康、完美的人。

身体的变化和面临的挑战（生理方面）

在你儿子进入青春期后，你能期待出现什么可能的变化呢？他身上又会出现哪些小小的怪癖或古怪的行为呢？

首先，他开始对身体和心理发生的变化感到特别在意和不适应，当他的身体迅速发育、一个劲猛长时，他多半会显得笨手笨脚。他还控制不好刚长出来的力气，可能搞不懂如何去做以前很在行的事情。刚开始，他的手眼协调能力可能会备受考验，因为他得学习如何为头脑和身体的交流重新“编程”。他常常会被自己长大了几号的脚绊一下，常会把东西掉到地上或者无意间撞上什么。他的大脑神经元的突触（通过分泌和接收神经递质而传导神经冲动——译者）和神经递质交往热烈，神经树突不断发育、成长，努力重新把快速成长的身体和相应的变化协调起来。

他身体里的睾酮激素潮水般涌出，使他的生理发生了巨大的改变，而其中的一些变化会让人感到尴尬或难于应付。青春期男孩会自觉不自觉地每日勃起好几次，这些热辣辣的勃起常常令人烦恼，它们常出现在不适当的时候或令人难堪的场合。这样的情形曾多次出现:当一个男孩在课堂上被要求起立时，由于羞愧难当，他用书挡在大腿前面或者干脆拒不从命。

如果在你儿子还是个小男孩时，你就觉得他身上的味道很怪甚至难闻的话，那么且慢，在睾酮激素的作用下，青春期男孩的体味常常会让你难以忍受。我想睾酮激素本身就带有一种气味，在沾满年轻人汗水的男更衣室里，你几乎可以闻到新鲜睾酮激素的味道。除了腋窝和双脚，甚至连他的呼吸的气味都变浓了。此时，养成良好的卫生习惯对小男子汉非常重要，不过他很可能极不情愿。他也许对自己身上的气味毫无察觉，觉得没必要升级自己的清洁习惯。然而，保持清洁有助于减少他身上那些令人难为情又影响社交的气味。毫无疑问，男孩身上的怪味道通常是打动不了姑娘们的，而此时男孩又满脑子想着年轻女孩，于是一个聪明的母亲便可以借此来劝说孩子更勤快地洗澡和换衣服。另外，每日的清洁还可以清除皮肤上多余的油脂，这些油脂在青春期后大量分泌，常常会产生青春痘，从而影响孩子对自我形象的信心。养成良好的卫生习惯还可帮助他对外表明自己的身份和价值观，我曾告诉我的儿女，从一个男人的汽车与衣着的整洁程度便可以推知出他的许多个性。

其次，要有心理准备，你购买食品的费用会显著增加。体育运动或其他体力活动需要额外能量，为此，你儿子会食量大增。而且不仅如此，单就是那些肌肉、骨骼和器官的生长，以及脑力、心理和情感的发育，也需要更高的能量摄入。如果你家里有不止一个正处于青春期的男孩，你购买食物的费用很可能会成为一项主要的日常开销。青春期的男孩都有点饿虎的架势，他们常常是

刚刚饱餐一顿后马上又感到饥饿，受生理成长的刺激，他们的能量代谢始终处于旺盛的水平。

正在发育的身体令你儿子精力勃发，但他也需要一些大睡不醒直至日上三竿的机会。你应设法让孩子以大量的体育锻炼来消耗掉他过人的精力，从而让他得到充足的睡眠。实际上，多数孩子都没有获得健康需要的足够睡眠。

另外，也许你至今还未曾留意到，相比于女性，男性总体而言需要更大的空间，不仅是他们的坐卧需要占用更大的体积，而且他们需要有更多的空间来进行活动。男孩不知疲倦的好动往往令母亲精疲力竭，假使西奥多·罗斯福（Theodore Roosevelt Jr.）这位美国伟人生长在今天，很可能被诊断为多动症（ADHD）。他在自传里多次提到，他那超乎寻常的旺盛精力和好动的天性，对他的母亲是一种考验。[11]不过，这份近乎狂热的旺盛精力为他卓越的大脑提供了足够的能量，使他能如饥似渴地吸收身边的各种知识，这为他日后成为一代改良世界的伟人奠定了基础。

令人欣慰的是，罗斯福的父母没有扼杀而是设法满足儿子对于知识和新体验的那种如饥似渴的欲望。而你儿子在他生命的这个阶段，也将显露出自己的热情、力量、弱点以及上天赐予的才能。请用你强有力的女性直觉来识别出他的天分并悉心培养吧，你儿子也能成为一个众生景仰的男人！

* * * * *

总之，如果你觉得自己十几岁的儿子有些古怪或异常，其实他很可能是一个正常的男孩，那些发生在他身上的变化会令他和自己的母亲都感到困惑。母亲作为过来人，通常会理解青春期女孩的处境，但很少能够理解从男孩到男人的征程。现在，既然你已了解了自己儿子发生的变化，下面就让我们探讨一下如何更好地与他沟通。有效的沟通将使你顺利通过前方的险阻，并将给予你能力和手段将儿子养育成一个有出息的男子汉。

延伸思考

※ 如果你儿子还未开始性发育，你会为即将开始的变化做哪些准备?

※ 随着儿子的逐渐长大，你注意到了他身体上的哪些变化?

※ 睾酮激素对于男性有哪些正面和负面的影响?

※ 你见到儿子做过的最奇怪的事是什么?

Chapter 2

与青春期男孩交流：用他的语言交谈

Communicating with Teen Boys: Speaking His Language

有人说，与十几岁的孩子一起生活，就好比被捆到了脱缰的野马背上。

规劝并不会使青少年恼怒。

——无名氏

为人父母，尽管在孩子青春期的那些岁月里我们面临艰巨挑战，但实际上我很喜欢和他们相处，我觉得我们之间的沟通最终使双方达到了相互理解。看到他们渐渐培养出了批判性的思维技巧，学会了解决问题的策略，认识到了行动和选择带来的后果，以及找到了将终生不会厌弃的爱好时，我也很是欣慰。我时常在想，将青春期的孩子看成是反复无常又难以驾驭的荷尔蒙怪兽是极不公平的。我相信，他们受到了太多的责难，而对他们的赞扬却远远不够。而且我以为，在我们的文化中，对青少年的期许太低了。

有人说，与十几岁的孩子一起生活，就好比被捆到了脱缰的野马背上。其实，行之有效的沟通方法触手可及。作为母亲，学会如何用最好的方法与男孩沟通是一件非常具有挑战性的事情，特别是小男孩正在变成大男人。在孩子看来，母亲已不再是一个不容置疑的权威，而不过是一个与他共同生活的人。不过，凭借女性卓越的语言技巧和与生俱来的沟通能力，一旦了解了男性的思维和沟通方式，便能够制订出策略以克服各种挑战。

同一个男孩谈话与同一个男人谈话是很相似的，两者间没有太多的区别。遗憾的是，很多女性在与男性沟通时采取了同其他女性沟通的方式，结果是令双方都倍感挫折。像其他大多数男性一样，你儿子不会仅仅为了让你满意、放心或停止唠叨，就说出那些他认为你想听到的话，因为男性没有漂亮的口才，也不重视说话的技巧。这或许就是为什么男性往往不能固守承诺，而愿用行动代替语言。因此，请更留意你儿子的所行而不是所言。

如今，快节奏的生活里充斥着有声媒介、电子游戏和视频短片，这些都令男性的专注时间大为缩短。不仅如此，我们的视野也被那些只需你看一眼就能理解的 7 秒钟广告大为压缩；书籍被要求写得简单扼要、段落短小，没有复杂的句式和太多的概念。毕竟，大量的活动都在争夺着我们的注意力，人们已经没有时间像以前那样坐几个小时来思索、消化和推敲一句话或一个段落，这使得与他人的沟通困难了许多。

本章中一些简单的技巧，可以帮助你更有效地与你的青春期儿子交流（或许也包括你的丈夫）。

与男性交流

有研究者指出：高达 93% 的交流是通过姿势、面部表情和身体动作来进行的，而不是通过语言。[1] 女性在很大程度上凭直觉便能捕捉到这些非语言信息，这使得她们在此方面占有很大优势，

这也是为什么儿子会认为母亲可以看透他的心思。一些女性甚至采取反驳谎言或者明知故问的方法，如同法庭上的律师。在谈话中，女性似乎有能力料事在先，并且往往毫无顾忌地利用这种优势，无怪乎男孩不愿意同母亲打嘴仗。

在人际交流的技巧上，女性远远超过男性的平均水平。从生物学角度看，男性发展的技巧，是让他们能够坐下来长时间高度集中注意力。他们也会被快速移动的物体和其他的视觉刺激所吸引，这也是电子游戏如此吸引男孩的原因之一。在狩猎时代，这些技巧价值连城，并且几千年来他们一直如此行事，因而有理由相信，他们的生物基因便是这样编写的。不过他们的语言能力便被大打折扣了，其发育的程度不及女性。

男孩左脑的发育往往要快于女孩，这使得他们有更好的视觉能力、空间感和逻辑技巧，有更强的理解力、数学能力和解决问题的本领，更善于搭建东西和玩智力测验。女性则有更出色的听觉、视觉、味觉和触觉，有更强的察言观色的能力，这使得女性在人际交往方面占尽先机。男人往往认为女人有读心术，其实，女性只是能够敏锐地抓住一些透露内心活动的外部线索而已。从这点我们也就能够理解，为什么当男人对淡淡的暗示无动于衷时，女人会感到那般的沮丧，不过男性也对此无计可施，因为他们无法如女人一般轻易读懂那些无语的暗示。

正如前面提到的，连接左右大脑的一簇神经是胼胝体，女性的比男性的要更大一些，这使得女性左右大脑有更好的联系，协作更加自如，交流更加流畅。核磁成像（MRI）及其他脑部扫描研究显示：在进行语言交流时，女性的两侧大脑常常同时活跃，而当她们停止说话时，通常也有一侧大脑处于活跃状态。与之对比，当男性说话时一般只有一侧大脑处于活跃状态，而当他们住嘴时，左右大脑通常也跟着一起静默了。

你要随时记住，当你问自己的儿子、丈夫或男友正在想什么时，如果回答是“没想啥”，他很可能是如实相告。男性有一种了不起的能耐，可以关闭大脑而傻坐着，这通常发生在他们对着电视发呆，尤其是正在播广告时，男性在驾车时也常如此。假如你打过猎并要花很长时间坐等猎物的出现，你就一定能理解男人的上述能力是多么有用。

不仅如此，男性会在大多数时间里走神或者充耳不闻，尤其当他们不感兴趣时。一位年轻夫人告诉我，由于老被抱怨听力不佳，她的丈夫曾去医院检查过听力，而医生告诉他，他妻子嗓音的频率正处在他听力的盲区（至少，丈夫回家后是这样对妻子讲的）。那位女士急切地想知道，我是否听说过那样的病症。我不忍心告诉她那个医生或是她的丈夫可能在糊弄她，我不敢确定他们一定说了假话，但极有可能的是，那个丈夫编了这样一个不高明的故事来应付妻子。

不过，男性确实不能像女性那样能听到那么多的声音，所有年龄段的女性都常常苦恼于男孩和男人们不听她们讲话。然而这是有其生理原因的，迈克尔·古里安是这样解释的：

这种差异从大脑发育的最初阶段便已开始，男性一般一只耳朵的听力优于另一只耳朵，而女性不但听力更好而且双耳的听力是相等的。自始至终，男人听到的总比女人说的要少，这就为双方的关系制造了很大的麻烦。孩子很小的时候，就被发现有忽视某些声音的情况，甚至是他们父母的声音，男孩发生的比例要高于女孩……这就是父母对男孩说话时要比对女孩时提高嗓门的原因之一。[2]

有一个办法可以补偿这种不足，即把注意力转到男性更为擅长的方面。男性一般都有非常好的视觉，如果你在交流时能利用这点，通常就可以吸引他的注意力停留较长时间。

通常情况下，男性使用的大多数语言里都包含一些嘟嘟囔囔的咕噜声和听起来像是来自受伤公牛的声音，而女性往往会掌握更多的词语，她们每日运用的词语是男人的 2~3 倍。更有趣的是，女人们喜欢说话，她们陶醉其中。她们通过说话来处理信息和感情，通过交谈拉近彼此的距离，变得更加亲密。

男性是通过一起做事（身体活动）而变得熟悉和亲近的，当我和朋友或儿子相处时，我们一块做事情，而不是聊天。男孩们在一起相处时，他们一块玩耍和打闹。如果我仅仅是坐下来并开始跟某人谈话，这让我感觉好像是在向一位顾问请教问题。因此，男性往往会对口头交流感到别扭，他们要费很大劲来组织语音、酝酿感情，并且处理如此多的信息会造成他们的脑回路超载，导致内部联络死机。你在同儿子聊天时会经常看到这些情况的发生，当他开始看你身后的某处或低头瞧地时，你得知道，他已经走神了，谈话应该停止一会儿，以便让他回过神来。

尽管目光接触是日常交流中很自然的一部分，但强迫男性持续与你目光接触，并不能有效保证他会听你讲话。特别是在进行富于情感的讨论时，如果一个男性长时间盯着一个女性的眼睛，他的大脑实际上将会关闭。当我看到一个女老师训斥一个男孩时，我常感到局促不安，那个老师反复要求男孩看着她的眼睛，以便集中注意力听讲，实际上，这反而促成了男孩的充耳不闻。尽管通过视觉接触可以引起男孩的注意，但过多的目光接触会令多数男性怯阵。通过如此的交流，老师如果只是想使男孩胆怯的话，我猜想她的目的是完全可以达到的。[3]

男性在进行语音交流时会感到处于明显的劣势，当要同某人对坐交谈时，想到对方有比自己强得多的语音能力，每个男人（无论老幼）都会感到相当的胆怯。我记得曾不止一次地告诉我的妻子："别因为你比我能言善辩，就以为自己永远正确。"当然，她往往是正确的，不过这仍令我沮丧。

男性也通常不擅长表达自己的感情。实际上，多数男性通常很难应付情感问题，甚至不容易识别自己的感情，身处情感汹涌之境会令男人尴尬得不知所措。（你一定看到过一个男人围着一个哭泣的女人，结结巴巴地说不出话来——是否还见过更糟的？）男人（包括男孩）在谈论情感前必须自己先想明白，而女性却有本领边说边想边体会。如果你需要同儿子讨论情感话题，一定要给他足够的时间来处理感情信息，这可能需要把一个话题分成几段、分几天来进行。女性往往愿意直到解决了问题才停止交谈，但有时，这对男性来讲是不可能的。

下面这些建议可能会帮助你更好地同你青春期的儿子交流（当然也可以是你的丈夫）。

尽量简单

母亲需要记住，对于语言交流，女性比男性更在行。一个小

伙子，尤其在面对女性时，会为自己的笨嘴拙舌感到心虚。男人都不喜欢那种底气不足、无能为力或无力控制的感觉。多数情况下，母亲在和儿子聊天时，如果能尽量把谈话变得简单，便能避免孩子产生那些负面的感觉。的确，通过谈话，你的大脑能轻易地处理情感和信息，但如果一下子塞给儿子太多细节和信息，他将失去注意力。

你要学会简化自己的谈话，假如你像同女友那般同儿子交谈，他就会停止倾听。你的大脑有能力同时处理发生在身边的每件事情，但男性的大脑生就一次只处理一件事情。

每年一次，我们的教区会举办“单身母亲之家夏令营”。我们为 25 个单身母亲和她们的孩子提供为期 3 天的免费活动。期间，我们的男性志愿者同孩子们一起玩耍；与此同时，我和其他演讲者则为妈妈们提供培训、咨询和心灵辅导。

在最近的一次“单身母亲之家夏令营”上，来的青春期男孩比往届更多。乔恩是我们的一个志愿辅导员，负责管理 10 岁以上男孩组，他和这些孩子们建立了深厚的感情。等到夏令营闭幕时，孩子们对乔恩简直到了言听计从的地步，他们从他身上寻找如何成为一个男人的智慧。当他讲述自己的经历和做男人的秘密时，孩子们听得聚精会神。他教给男孩们如何使用折叠小刀，如何捕鱼并把鱼收拾干净，他们还亲手建了一座鸟舍。

乔恩的太太苏珊也在夏令营里服务，她和乔恩育有 3 个可爱的女儿，她给大家讲述了夏令营活动对自己有怎样的影响。她提到看见乔恩带着一组男孩在河边，当他们准备离开时，两个十几岁的男孩说，他们不想走，不愿意离开河边。乔恩当时慢吞吞地说：“好的，这是你们的选择，但是却违背了不能单独在河边的营规。如果你们执意留在河边，那么你们和你们的母亲很可能被要求离开夏令营。”

说完，乔恩转身，平静地带着其余孩子走上了离开河边的小路。那两个男孩互相对望了一下，耸耸肩，然后跟上了队伍。

苏珊说，让她吃惊的是，假如一个母亲处于乔恩的位置，她可能会花 20 分钟与孩子讨论他是怎么想的、为什么不肯离开，最终却依旧无法解决问题。乔恩的沟通方式对于男孩们竟然如此有效，这令苏珊感到震惊。

乔恩之所以成功，是因为在和这些男孩们交流时做了两件重要的事:他力求话语简单，并且直击要点。当然他给了孩子们选择，青春期男孩需要感到自己有做决定的能力，感到自己在某种程度上能够掌控自己的生活。如果你把他们逼到墙角令其别无选择，他们很容易开始反抗。假如乔恩命令他们离开，他们很可能会挑战他的命令看看将会发生什么。他们最终很可能还得屈服，但在剩下的时间里，他们会感到怨愤并且怒气冲天。给他们选择的机会，使他们感觉自己如同成人一般可以控制局面。

但最为重要的是，你得清楚，我们给孩子提供的所有选择，都是我们希望发生的。当我的孩子还处在青春期阶段时，许多次我都注意到，如果遇事时给他们 2~3 个选择，即使他们选择了我期待的结果，他们也更愿意接受并积极地去解决问题。你们可能注意到了，在乔恩所给的选择中，没有一项是可以待在河边却不需承担后果的。他提供的那些选择，实际上都能确保最终得到他自己想要的结果，不过要允许孩子们自己说出来。

说话简明易懂

在《那是我的儿子》一书里，我鼓励母亲们用格言、警句式的句子同儿子交谈，让孩子容易听懂。男性需要花更多的时间来处理信息，尤其是当信息里包含着感情成分的时候。许多男孩在学校感到特别煎熬，因为在转向新话题之前，老师们并没有留给他们足够的时间来消化刚听到的内容。如果你需要同儿子进行一番长谈，应该让他边谈边进行一项身体活动。男性在运动时处理信息更为轻松，而且运动还能去除他在面对面交谈时产生的紧张。

坚持每次只谈一个话题也是一个好主意。也许，我太太给我和儿子最好的礼物，就是在我们谈话时，她终于开始让我知道何时她要转换话题了。在那之前，她一次可能会谈 6~7 个不同的话题，而我往往忙于处理她的第一个话题，其余的根本无暇顾及。现在她会说“新话题啦”，于是我们便能停止想前一个话题，而注意听她接下来的话题了。

同时也要记住，男性的注意力大概可以持续 30 秒，如果用了 30 秒你还不能进入主题，他大脑中负责解决问题的“程序”将启动并开始寻找解决其他问题。所以只要可能，你的谈话应该直截了当地切中要点。每当我妻子又开始没完没了地讨论过多细节时，我都得努力委婉地引导她返回话题的要点上来，否则我就会走神。我无法应付她向我抛来的所有细节，因为女性的思维特点是整体性强（每件事都互相交织在一块），那些细节对于构成她们的想法是重要的；但对于男性而言，它们都是些鸡毛蒜皮的小事，只起到混淆主题的作用。

男孩需要知道，你想让他做什么以及用多长时间做完，这样他就能够比较轻松地应付了。举例来说，当你想让儿子帮你做件事，如果你说得比较笼统，比如“请打扫你的房间”，这样就为解释你的要求留下了太多的余地——你儿子对于打扫的概念很可能与你的不同；另外，你的要求里还缺少一个时间预期。但如果你试着这样说：“请把你的脏衣服放进洗衣篮，整理好你的床，用吸尘器吸一下你的房间，在今晚5点前把一切做完。”这就明确地告诉了他所有的要求和时间。请记住这样一句童子军的古老格言：“男孩需要知道目标、规矩，还要知道谁说了算。”

请对你儿子用简明的语言说话，男人们都是些头脑简单的听众，不能很好地听出字里行间的意思。如果你暗示一件事情，希望你儿子能够自己提出来，你注定要失望。男性讨厌猜测别人的愿望，更讨厌猜什么是错误的、什么是不应该做的。请你坦率、直截了当地告诉你儿子你的愿望和你的感受，他不需要知道诸如谁说了什么等所有细节。

男性常常对女性传递的信号感到迷惑不解。举一个我注意到的例子，男性通常只是在说到高兴的事时才会笑，但女性经常能笑着提起那些令人不快的事情，甚至能笑着表达自己的愤怒；在高兴时，女性也能哭出来，而男性通常是做不到的。于是，任何年龄的男性都会感到困惑，他们没有女性那般的能耐，通常听不出潜台词，也分辨不出那些内心活动或人际交往的细微之处（不明了女性潜藏的意思）。男人们习惯于就事论事，不会去看事情背后暗含的意思。要记住，男性的思维是刻板的，他们处理信息的方式是从A到B按直线进行的。而女性则喜欢进行拐弯抹角的暗示，并乐于揣测话里话外的隐意。男性喜欢直来直去毫不含糊，因此有时你需要直率。假如你在新换了发型后问一个男人是否注意到

你有什么变化，他多半会答不出来。所以，你该试试更好的方式，比如试着问他：“我的新发型看起来怎样？”甚至更佳的方式是，在你提出的问题中已建议了他该怎样回答，比如：“你难道不觉得我的新发型让我看起来更年轻吗？”这样他就知道该如何回答你的问题了。察言观色、揣度心思，这些对于成熟的男人来讲都困难重重，更别说对于男孩了，那几乎是不可能的。

管住舌头

维京人有这样一句俗语：“最要命的伤来自女人的嘴。”嘲笑、蔑视和责难会严重伤害所有年龄的男人，特别是当它们出自自己亲近的女性时（妻子、女友、母亲），那种羞辱的疼痛犹如刀割。许多男人感到被女人苛责和误解，他们会因此而退缩，以避免类似的情况再次发生。如果你儿子背转过身，拒绝与你交谈，很可能是你曾说了什么话，让他采取了自我封闭的态度。女性能在不经意间因为这样或那样的行为伤害一个男人，比如拿他与他的同伴做不恰当的比较，告诉他该做什么、如何去做（尤其是对他负责的任务指手画脚），取笑他或者揭他的短，等等。一个母亲可能由于无意间的上述行为而伤害自己的儿子，尤其是当那些行为发生在公共场合时。甚至对于孩子的过错所开的善意的玩笑（如果你一定要开这样的玩笑的话），也最好留到家里私下进行。

再强调一次，男性不能像女性那样能同时进行听、说、思考、分析信息和识别情感，他们的大脑天生就不同于女性，无法娴熟地同时使用左右脑。因此，当你同他争论或表达自己的不满时，他可能会闷声不响，甚至在毫无结果时便拂袖而去，但这并不意味着他不在乎你，也不是他不想解决问题。此种情况下，男人的大脑实际是因负荷过重而不得不临时关闭，如果你逼其过甚而超过了临界点，你将看到，他们通常的反应是愤怒和沮丧万分。在过度刺激下，许多男人最终会对女人的话充耳不闻。女士们常抱怨男人不听她们讲话，但有时，这仅仅是因为男人们的大脑被灌进了太多的信息，它们需要休息一会儿了。

作为一个女性，你会非常擅长语言表达，这让你在一次次的争论中优势明显。多数男人都不喜欢打嘴仗，因为他们知道与女人斗嘴自己毫无胜算。一个女性利用自己的语言优势，当然能在一场争论中无情地打败男人，使他为此感到万分沮丧。但你是否想过，如果一个男人利用他的身强力壮而逼迫你就范，你做何感想？也许你曾有过类似的经历，也许你知道那有多么可怕！女性锐利的口舌会让男人感到畏惧，就如同男人的强健体魄让你忌惮一样。很多男孩如果在年幼的时候常常受到母亲伶牙俐齿的数落，往往于长大之后，在他感到忍无可忍时，会通过身体上的冲撞来报复和吓唬母亲。想要孩子在青春期时对母亲彬彬有礼，母亲就要在儿子童年时做到温言细语。

良好的交流常会创造两人之间的亲密关系。对于女性而言，亲密意味着彼此接近;而对男性来讲，则意味着容易被影响和左右。人际关系（尤其亲密关系）总的来讲，是使你消除戒备之心、变得对人开放。而当男人足够信任他人、内心不再设防时，他人也就有了对他的感情进行伤害的能力，而这绝对是同男人的天性相违背的。[4]所以你要懂得，在你让儿子足够信赖你、对你言听计从之前，你必须首先让他相信，你是不会利用好口才令他难堪的。

要扬长避短

与女人相比，男人更容易原谅别人，更容易积极改正自己的行为。

——劳拉·施莱辛格（Laura Schlessinger）博士，

《正确关心和照顾丈夫》

（*The Proper Care and Feeding of Husbands*）

为了很好地同你儿子交流并积极地影响他，你要投入巨大精力的下一件事情是:在他的强项上下功夫，而不要总盯着他的短处。社会上很多教条都告诫我们：要修补、延长你的“短板”。其实，这根本算不上是鼓励，而是某种形式的反复责备。只有培养自己的强项，才能真正鼓舞并激发我们积极进取的精神。所以，母亲应该把自己的影响力用来培养儿子的特长，而不是用来拾遗补阙。

男性都本能地渴望赢得母亲（长大后是妻子）的肯定和赞许，他渴望自己亲近的女性为他感到自豪。一个母亲应该用赞许和尊重去激励孩子积极向上，而不是打击他的信心。男人们抱怨说，女人们总喋喋不休地指责他们。其实，女人们只是试图用这样的方式获得她们需要的东西。不过那些用尊重作为武器的女性，往往比抱怨不停的女性更容易打动男人，使他们更愿意去修剪草坪或是做其他家务。

在你每天同儿子交流时，一定要注意提升男子汉的标准，比如，当儿子问你为什么他要做家务时，你可以这样回答：“因为好男人都会做的。”同样，当他举止失当时，你提醒他“别那样做，男子汉不该那样”，他往往会有所收敛。所有的男孩都渴望学习如何做男人，希望有人能告诉自己男人的所作所为和行事原则，因此你要有意识地宣传健康的男子观。通过尊重男性的特点和认同那些有关阳刚之气的标准，你会使他努力达到更高的行为标准，并对自己的性别感觉良好。一个对男性采取肯定态度的母亲，是会帮助男孩去享受作为男性的幸福的。

所以，不要斤斤计较儿子的错误。请努力关注他做得好的地方，而不要苛责其缺点。要仔细分析，找出他的优势和弱点，然后帮助他认清自己的长处，以及天赋所在。许多人对自己的优点或弱点都茫然无知，其实我们每个人天生都有过人之处。发现你儿子的过人之处吧，鼓励并帮助他培育和利用这些天分在生活中获取成功！当我们的天赋得以尽情施展之时，生活将变得格外美好。

卓越的沟通技巧是母亲手中万能的工具，明智地使用不仅能让你的生活更加轻松，还能帮助你儿子成长为一个了不起的男人。

延伸思考

※ 你和儿子的谈话容易进行吗？进入青春期后，与他交流的难易程度是否有所改变？你是否同意这种说法，即女性的语言交流能力强于男性？你是从哪些地方得出你的结论的？

※ 你曾抱怨过孩子不听你讲话吗？

※ 你是否见过儿子在你讲话时发呆？你认为他为何会那样？

※ 你相信母亲的伶牙俐齿会重创自己的儿子吗？

Chapter 3

母亲和儿子：
年轻男子需要从母亲那里得到什么？

Mom and Son:
What Young Men Need from Mom?

利用母亲的推动力量，你可以将孩子提升到一个难以想象的高度，取得非凡的成就。

母亲是我见过的最美的女人，我的一切都得自于母亲。我所有的成功，都要归功于我从母亲那里获得的教育——道德的、智力的和身体的教育。

——乔治·华盛顿

当我们的儿子弗兰克还是一个十几岁的孩子时，我妻子曾告诉我一个她做的梦："我和弗兰克手拉手走在一条碎石路上，在梦里他大概只有三四岁大，我们玩得很开心。突然，他开始急着往前赶并使劲拽我的手。他回头看着我，用嘶哑的童声喊：'走啊，妈妈，快点，快点……'我喊道：'弗兰克！宝贝，等等，你还不能走那么快。'可是，他依旧使劲地拽，想要挣脱我。'赶快，走啊！妈妈，走啊！'他说道。最终，他挣脱了我的手，离我越来越远，直到我几乎看不到他。在梦里，我哭得很伤心，我的宝贝不见了，不是真的丢了，而是我的小男孩从此走掉了。我从梦中哭醒，那个梦影响了我很多天。甚至直到今天，每当我回忆起他的童声，想到不能再抱着他轻轻摇荡，不能再使劲亲他的脖子直到他开始尖叫，不能再和他一起无忧无虑地欢笑，我还是忍不住流泪。”

她继续说道:“母子的分离已无可挽回地发生了，我和儿子之间那条精神上的‘脐带’也已割断了，从他 13 岁起，我的小男孩已不再是以前的那个小男孩了。尽管他曾令人疲惫、沮丧、倍感挑战，但孩子童年时代仍是我成为母亲之后最美好的时光。现在，我希望有一天能亲吻我们的小孙儿，难道那不是又一次伟大的历险吗？”

母亲的影响力

我给母亲惹了很多麻烦，但我想她乐在其中。

——马克·吐温

作为母亲和家长，你同孩子的父亲（如果孩子幸运地有一个经常在家的父亲）是你儿子最重要的男性和女性榜样。你传授的价值观和世界观他会深信不疑，你的养育以及深情的教导，将帮助他成长为一个健康、快乐、多姿多彩的人。你要确保他安全，精心喂养他，保持他的仪表整洁，并满足他的各种需要。你的存在使他可以茁壮成长，如同肥沃的黑土地里生机勃勃的玉米苗。你养育的天性对于家庭生活至关重要，你敏感的呵护不仅可以治愈他破损的膝盖，也能抚慰他受伤的心灵。你温柔的同情心可以慰藉哪怕最严重的背叛带来的伤痛，你儿子将从你这里学会敏锐、怜悯、理解和关怀他人。

我们往往相信，随着孩子进入青春期，我们对孩子的影响力

在消亡，但事实并非如此。许多相关研究显示：即使孩子已进入青春期，父母对孩子的影响仍超过了其他任何人。你十几岁的孩子想知道你信仰什么，你认为什么是对的，你生活的目的是什么，你觉得生活里什么最重要。他愿意从父母那里知道什么是正确的，什么是错误的，什么样的错误是要避免的（当然，这并不意味着他会谨遵你的忠告）。你比任何摇滚歌星、模特或影视明星都更为重要，你比一切报刊杂志、教师教练，以及电视游戏都更具影响力。但是，如果你不使用这一影响力的话，它将会永远地消失。

要知道，无论我们是否有意识地使用我们的影响力，孩子都会模仿我们的行为。如果你纵欲无度，你的孩子很可能也会不检点；如果你诚实正直，你的孩子往往会加以效仿。我的父母没完没了地告诫我不要抽烟喝酒，可是他们自己却烟酒过度，因此我从青少年起就开始效仿他们的样子，直到后来我发现这些行为非常愚蠢之后，才摆脱了烟酒。伤害、虐待以及破坏行为，似乎是可以代代相传的，除非采取有意识的步骤来打破这一循环。

而且，作为男孩的母亲，你对男性的态度（积极的或消极的）可以极大地影响儿子如何看待自己所属的性别，母亲通过自己的语言和态度的诱导，极大地影响了孩子对男人的看法。母亲如果对男人采取轻蔑的态度，将会令自己的儿子感到非常难堪。对于那些曾受过男人伤害的母亲来说，养育男孩是一件格外有挑战性的事情。保罗·库格林（Paul Coughlin）这样谈到这个问题："如果母亲幼年时遭其父殴打，她将会尽其所能地攻击那些在自己儿子身上萌发的男性特征。她蔑视强壮的男人们，并用怨毒的言语去阉割男孩的灵魂。她谴责身体发育带给男孩的那些男性特征，她也抱怨男孩的父亲。这让男孩无法摆脱这样一个想法的纠缠：自己是由劣等种子生出来的果实。”[1]

但是，如果母亲对于健康的男子气概采取尊敬和仰慕的态度，就会令男孩相信自己注定要成就非凡之事。利用母亲的推动力量，你可以将孩子提升到一个难以想象的高度，取得非凡的成就。

女性对于男子气概的影响

每个母亲都如摩西一般，她自己无法进入应许之地，却为一个无缘亲见的世界奠定基础。

——教皇保罗六世

在每一个社会中，女性对于男子气概的发展起着至关重要的作用，她们通过几种途径影响着社会文化对于男人形象的塑造。途径之一是，女性选择所偏爱的男性作为性伴侣，于是男人们都开始迎合女性的要求和标准。这种“供求关系”同商界或体育界中的区别不大，要点是：女人喜欢的男性特点，成为了所有男性都想具备的特点。比如，如果有足够多的女人愿意委身于流气十足的男人，那么所有的男人都渴望变得流里流气；而如果女人只愿同有君子之风的男人交往，那么君子之风就成了男人们竞相追逐的标准。还有一种途径是，她们的后代（男性或女性）往往都会跟随她们的脚步。假如母亲总是和暴虐、不负责的男性同居，她的女儿很可能会被有相同特点的男人吸引。父亲的榜样作用对于男孩日后如何生活是非常重要的，一个父爱缺失或遭到父亲遗弃的

男孩，在长大后很可能步父亲的后尘；女性如果选择与那些经常抛弃妻儿的男人同居，她们的儿子长大后很可能继承这一传统；同样，父亲如果虐待自己的妻子，他的儿子将来很可能会接过乃父的衣钵。父母双方的行为模式，都会影响孩子（男孩和女孩）将来的行为。当然，还是有一些人能够不受其父母的影响，但那毕竟是凤毛麟角。对于大多数人来说，我们天生会不自觉地去模仿身边榜样的行为，做出与他们相似的选择，最终成为同他们相像的人。

不幸的是，只要看看周围那些遭男人遗弃、虐待、被男人利用的女性就能知道，还有很多女性对于什么是真正的男子气概毫无判断能力。要知道，无论女性给男性设定怎样的标准，男人都将去迎合。女性的容忍会滋长男性的劣行，女性的反感会令男性的行为加以收敛。有报道称，美国内战期间，那些逃避兵役的男人会被女人当众耻笑，而当女人不再容忍男人的怯懦时，男人们就被迫提高了自己的人格标准。[2]

另一种女性影响男子气概的方法是，选择用怎样的方式养育自己的儿子。如果女性选择独自抚养儿子，就会使孩子在生活中无法受到健康的男性影响，这对孩子的一生都会有消极作用。根据达尔文的进化论观点，为了在自然选择中存活，某一物种中的成员会选择最强的同伴交配，生出更优良的后代，以确保物种的延续。千百万年来，生存的法则决定了女性选择的，都是那些最有能力保障自己及后代生存的男性，她们与之交配的男性，是那些能够留在身边保护和供养她们以保证她们的孩子可以存活的男性。甚至直到一个世纪以前，这条以生存为基础的自然选择程序仍然奏效。但是大概在最近的 30 年里，发生了一种变化，似乎女性开始选择那些将要抛弃她们、置妻儿于不顾的男人。在我们的文化中，是什么因素促成了女性做出如此的改变呢？在以前，那些错选配偶的女性将注定命运悲惨，她们的血脉将难以延续；而现在，即使没有男性的帮助，女性也能轻松地抚养孩子。也许，正是社会的进步促成了这种改变？或者也许，这种改变仅仅是世代相传逐渐积累的结果——那些原不为人注意的个别现象，由于通过代代繁衍，终于达到了引人注目的程度？

母亲养育男孩的环境也能影响孩子的性格。通过允许和鼓励健康男性对孩子施加影响，通过允许孩子从不断的尝试与错误中学习知识而不是对他过多的保护，通过在监护的情况下让孩子更多地对其言行负责以逐渐珍视品行的价值，母亲将培养出一个可以从容面对世界的健全男人。这样的男人将是家庭的支柱，也将为社会的进步贡献力量。

现在，他最需要从母亲那里得到什么？

在成为母亲之前，我有上百种如何教养孩子的理论。现在，我有了 7 个孩子，却只剩下一个理论：爱他们，特别是在他们最不可爱的时候。

——凯特·桑普瑞

当男孩进入青春期以后，他的成长已不再像先前那样依赖于母亲的抚养了。不过此时，母亲依旧对男孩至关重要，男孩需要母亲的抚育与慰藉来平复世间不公平造成的伤害。随着孩子的长

大，母亲应该认识到，她不能再像孩子童年时那样，将他搂在怀里抚慰他的伤口了。她必须运用第六感觉，以年轻人接受的方式来为自己的儿子疗伤解愁。

母亲还应该教给孩子许多生存需要的知识。在理想的情况下，一个男孩或年轻男人应该以父亲作为模仿的榜样，以母亲作为了解女性的窗口，他从与父母的关系中学会与人沟通和互动，甚至学会如何去爱一个女人。在理想的世界里，男孩从父亲那里学会坚强的品质、领导的才能和胜任工作的能力，从母亲那里获取人格成长必须的养分，比如爱心、关怀和洞察力。当父母有一方缺失时，男孩想要获得成为一个好男人、好丈夫和好父亲所必须的全面技巧，便会更加困难。

从母亲那里，一个男孩能够学到很多成功所必须的品格。通常他会从母亲那里学会同情和关爱，认识到女性的价值和友谊，学会奉献、和蔼、爱护和无条件的爱。母亲是男人终身相随的女性样板，他以此来衡量其他女性，包括他自己的妻子。

怎样教养青春期男孩?

在你受孕前我想得到你；在你出生前我热爱你；你才出生一个小时，我已甘愿为你赴死。这便是爱的奇迹。

——莫林·霍金斯（Maureen Hawkins）

我最近在底特律同一个单亲妈妈有过一番谈话，那个母亲正在尝试教她十几岁的儿子如何具有骑士风度。她让孩子给她开车门，雨天里替她打伞；而男孩认为，这种行为有点难以理解，毕竟，为什么他就该被淋湿呢？最后，当母亲让孩子走在人行道的外侧时（一个古老的习俗，初衷是为了保护妇女不被疾驰的马车溅起的泥浆弄脏），儿子说："这不公平，如果一辆汽车冲过来，我会被撞死。"母亲轻柔地向儿子解释说，她在教他骑士般的行为，总有一天，这些行为会令他受益，并且会有一位纤纤淑女令他心仪，他将成为她的银甲骑士。

让男孩（和男人）对骑士般的行为着迷的五个窍门

1. 几乎所有的男性都会被两件事驱动——食和色。举止像一个彬彬有礼的骑士能够帮助男人食色双收，男性一旦知道了这一点，便很愿意学习做个骑士。
2. 他的偶像如果彬彬有礼，男孩也会彬彬有礼。
3. 鼓励那些具有骑士风度的行为；在日常谈话与交流时，总将男子气概提升到更高的标准；与孩子讨论健康男子气概的高贵之处。
4. 鼓励你女儿只同那些骑士约会，如果众多女性都只同礼貌周到的男士交往，就会鼓励其他男性加以效仿；女性的标准有多高，男人迎合标准的愿望就有多高。
5. 观看比如《铁拳男人》（*Cinderella Man*）那样的电影——亲眼目睹做个骑士才叫酷。

那位母亲还教了儿子更多的东西。她教他尊重所有女性，教导他男人的职责就是保护女人，对待女性要如同呵护珍宝；她教他为了荣誉而要甘愿有所牺牲，并指出男人就该是先人后已；她告诉

他在本民族的文化中如果想要取得成功，男人就不能只盯着自己的利益。等到这个男孩长大后，他将理解（并且更为适应）作为男人应该在生活中扮演什么样的角色时，他将会以男性特有的天赋，使他所爱的人和他保护的人生活得富足、美满。

这位母亲教养儿子的方式是帮助他成为一个男人。男孩常会认为，真正的教养是给他提供足够的建议和训练以帮他渡过生活的难关。他很重视那些能帮助他成功的建议和训练，因而母亲在这里可以扮演一个特殊的角色，她可以让儿子理解女性和女性的需求，要知道，男性经常对女性感到困惑。

还有一个地方母亲可以帮助儿子，即教给他礼貌。礼貌教育能够教会孩子尊重自己和他人，良好的举止也有助于他随时随地得到大家的认同。因为无论哪种文化，彬彬有礼的人都会得到大家的喜爱和尊重。

一个母亲还可以教儿子如何同异性讲话，通过学习同女性沟通的技巧，他至少会比较自在地同女性相处，消除对女性的困惑。

学会如何正确跳舞（如今的霹雳舞除外）会给姑娘们留下好印象，既然小伙子们花了无数时间盘算如何吸引女孩，那么跳舞这门技术会让他在众多竞争者中占得先机。

所有这些技巧都会帮助一个年轻人建立自信心，而当一个小伙子充满信心以后，他就不会总忙于向自己和外界证明自己是个男子汉了。

放 手

某种程度上，母子关系是一对带有悲剧色彩的矛盾。母亲在其中需要付出最炽烈的爱，而爱的目的却是帮助儿子离开自己，获得完全的独立。

——埃里克·弗洛姆

很多母亲告诉我，她们面临的一个最大挑战是，她们必须放手让孩子自由地成长为一个男人。但是，妈妈们舍不得失去自己的心肝宝贝，同时也常常担心孩子不能承受男人所要承担的责任。

其实，男孩拥有与生俱来的承担日后那些责任的能力，他完全可以担负起生活交给他的重担。正如奥布里·安德林（Aubrey Andelin）所说："上天赋予了男人养家、保家和齐家的责任，也同样赋予了他履行责任的愿望和能力。男人有能力去肩负重任，有能力去承受压力，也有能力去克服困难并做出重大的选择。尽管沉重的负担可能会令他们时有动摇，但男人有能力最终化险为夷。"[3]

如果母亲总是给孩子提供保护，不让孩子经历失败并承担后果，那么男孩正常成长的过程就受到了干扰，男孩成长的规律也会被打乱。即使男孩不喜欢失败，但从失败以及失败后的坚持不懈中，他可以学到几乎所有男子汉的品质。母亲过度保护儿子，不让他去面对种种挑战时，她也拖延了儿子长大成人的进程。

在某些时刻，为了获得真正的男人品质，男孩必须挣脱母亲的怀抱，必须同女儿国分离。男人必须认识到，女性无法给予他

你比任何摇滚歌星、模特或影视明星都更为重要，你比一切报刊杂志、教师教练，以及电视游戏都更具影响力。但是，如果你不使用这一影响力的话，它将会永远地消失。要知道，无论我们是否有意识地使用我们的影响力，孩子都会模仿我们的行为。

那些最优秀的男性品质。

我有个朋友，他以前是个 NBA 球员，从小在一个城市的廉租区长大，抚养他的都是女性——母亲和 3 个姐姐。他告诉我，他面临的最大问题是，从来没有一个男人教给他正确应付困难的技巧。小时候，他受到的影响全部来自女性，因此他逐渐养成了凭感觉做决定的习惯，并发现自己在有压力的情况下就会感到沮丧和愤怒。由于不能恰当地疏导情绪，他做出了许多冲动的选择。结果，尽管是全美明星队的成员，他还是被赶出了高中校队，并且由于和教练打架，他失去了一份大学的全额奖学金。麻烦还一路跟随他进了 NBA，因为在 NBA 里，球员普遍受到大家的恭维，他们做错了事也没人吱声。其实，只要能遇到几个坚强的男性导师或男性榜样，他的生活就能被彻底改变。如今，他将自己奉献给了青年人，他给他们知识与希望，并帮助他们懂得如何取得成功。[4]

一个男人越多地受到女性的摆布（母亲、妻子、女朋友），就会越缺乏男子气概。为什么呢？因为女人不是男人，她不能传授给男孩男子气概。一个男人应该跟从他的男性本能，而不能一味听从女性的安排。当我写《那是我的儿子》时，我儿子弗兰克正值青春期；如今，他已经 23 岁了，并开始自食其力，但他妈妈每当认为儿子需要帮助时，还是想立刻跑去帮忙。目前，弗兰克离开了家，与十几个小伙子同住在一栋房子里，刚搬进去不久，便在如何控制花销方面上了有意义的一课。他在发薪前花光了所有的钱，被迫挨了 3 天的饿。由于不能跑过去给儿子做饭，我太太都快急疯了。还好，弗兰克挺了过来，我想他将来一定会更好地规划自己的收支，这一课他不会很快忘掉。但假如我妻子当初给

他提供援助，他很可能还会不计后果地花光所有的收入去买自己喜欢的东西。由于吸取了教训，弗兰克告诉我，他发誓不进快餐店，他买来原料，生平头一次自己做饭（最近，他打来电话问他母亲如何做肉饼）。看来，饿肚子还真是管用呢！但是，如果他在离开家之前就已学会这些，难道不是更好吗？没有更早地教会孩子为自己的选择承担后果，这是我们的失职。

在放手的过程中，你的儿子需要经受考验，甚至需要其他男人的逼迫。由于我太太在一个问题家庭里长大，她担心过多的批评会导致孩子自卑，于是，她特别担心我对弗兰克的管教过于严格。即使认为自己的想法更好，我还是经常迁就她的恐惧。我允许自己为情感所左右（我渴望让妻子高兴），而不再坚持那些我深信不疑的原则。作为一个篮球教练，我掌握许多在球场上屡试不爽的领导技巧，却偏偏不能在家中使用。这一教训我现在总是说给别人听，即男孩必须学会：做决定时应遵循原则，而不能感情用事。弗兰克如今心甘情愿地承认，他真希望我当初能逼他更甚一些，使他能发掘出自己更大的潜能来。我妻子的担心之所以错误（尽管可以理解），在于我们自己的家庭不是一个问题家庭，我对孩子的期望不是畸形的，不会让他产生自卑；相反，我的期望事实上是健康的，是会让孩子通过不断的成功形成良好自我感觉的。当然，在我们的期望当中，也有一些不理性的成分存在——我们都见过在电视剧《少棒联盟爸爸》（*Little League Dad*）中，父亲在儿子进行棒球比赛时怎样地大喊大叫。但是，降低对男孩的期望值，往往会使事情变得更糟。当男人无权逼迫男孩去超越自己的极限时，这其实限制了男孩充分发展的机会。

帮助儿子成长的秘诀

- 每天都表扬他（为了正当的理由，而不是胡乱表扬）。
- 让他参与家庭的决策过程。
- 让他做事时向他解释原因，并且在他询问之前就告诉他。
- 鼓励他阅读。勤读者，多英才（西奥多·罗斯福和其他历史上的伟大领导者都是孜孜不倦的读者），鼓励他阅读他感兴趣的内容。[5]
- 每天同他一起祈祷并为他祈祷（他需要看到你和他的父亲一起祈祷）。

铁是地壳中的一种化学元素，它虽然坚硬，但由于易碎而在使用中受到了限制。铁矿石通过适当的熔炼过程，在与一定比例的碳混合后，就变成了既硬且韧的钢，无论在硬度上还是在坚忍度上都超过了铁。如果铁矿石不经过那样的高温、高压，它便会脆而易碎。铁变成钢后便不易生锈，易于循环使用，并且加工更为方便。高效的炼钢技术大大地推动了文明的前进，钢被用来制作我们赖以生存的大多数物品，例如机器、汽车、工具、刀子、器皿、船只、飞机、火车，以及许多其他的东西。正是高热和强压，使得一种本就坚硬结实的物质变得更加有利于人类，而没有这种熔炼过程，无论是铁矿石还是男孩，都不能脱胎换骨成为济世大才。男孩需要有男人将他锻造成坚硬的钢，最终挑起家庭和社会的重担。

女性榜样

她的圣洁世所罕见，她以尊敬丈夫为荣，她以家庭幸福为乐。

——卢梭

魔鬼似乎特别恨女性，它用来对付女性的利器之一便是花言巧语。它先在伊甸园里欺骗了夏娃，如今又故技重演继续在女性耳边吹风。它攻击女性的两个最薄弱之处：她们的容貌和价值。它告诉一个女人：她胖、她丑、她弱、她毫无魅力、她老、她没用、她不可爱又没人要。然后，它用舆论来强化它的谎言，通过媒体让女性相信她们的身体、容貌和价值出了问题，这些心理攻势深深地影响了女性，令她们饮食紊乱、身体形象扭曲，甚至开始嫌弃自己，觉得自己不配获得爱；还有一些妇女竟然相信，她们被虐待和欺凌是罪有应得。

当今的女性仍易受到花言巧语的影响，容易相信恭维之词和不实之言。由于她们的抚育天性，她们愿意相信男性所说的话，对于男性的性格缺陷，女性也设法从中寻找积极的因素，她们会忽视男性的坏毛病而强调他们的优点。

你要克服女性易受到攻击的那些弱点，帮助你儿子认识到女性的美德，这对他非常重要。他需要尽早学会尊重和珍视女性，他需要认识到女性对于家庭结构、人际关系，以及对于男性自身的重要性，他需要懂得男女生而平等的道理。如果母亲自己对于作为女人感到自卑，那么她的儿子不太可能学会如何尊重女性。

从母亲那里，男孩会学到很多有关女性的事情，并学会如何与女性相处。对于普通男子而言，女性是非常令他们困惑的。母亲此时不仅为儿子提供了一个健康女性的样板，而且是他第一个也是最为重要的有关女性的启蒙老师。从母亲那里，男孩知道了一个女性如何同一个男性寒暄，如何同男人讲话，男人该得到何种程度的尊重，女人该得到何种程度的尊重，彼此关系中女性扮演的角色如何，一个女人如何去爱一个男人，以及两个人如何作为夫妻生活在一起。

另外，男孩从自己的母亲身上知道了如何做一个母亲，这将极大地影响他日后的择偶方向。如果有一个经常伤心欲绝的母亲，儿子长大后往往会娶一个无力自拔的女子，以对她施加拯救。不幸的是，男人很少能拯救和医治一个伤心欲绝的女士，恐怕只有上帝才能做到。

作为一个母亲，在你儿子娶妻之前，你是他生活中最重要的女性，你做出的准备和展示的风度不仅影响到他娶何种女人，而且某种程度上将决定他是否成功地做一个丈夫和男人。请永远不要低估你在儿子生命中的价值。

与儿子进行沟通

大多数母亲都提到，她们与儿子的沟通有问题，彼此难以理解。她们想要与儿子发展一种紧密的关系，成为他生活中重要的一部分，但青春期的男孩是个难解之谜。母亲们经常这样问："我怎样才能与我十几岁的儿子沟通呢？"或者，"我儿子同我女儿太不一样了，我简直不了解他。"

那么，一个母亲如何在这一敏感期内与儿子顺畅沟通呢？同你与女友的交往不同，你很难与你儿子彼此对坐，进行一场倾心的交谈。我的朋友，作家朱丽叶·巴恩黑尔（Julie Barnhill）与我谈过她与她的次子沟通时遇到的困难，她还提到了她的次子与长子有怎样的不同：

说到母亲和青春期的儿子……（叹息声！）……从哪儿讲起呢？！二儿子与他哥哥（马林）有天壤之别。信不信由你，马林机敏、善谈，表达感情很在行。而老二就不一样了，他好像总有许多事情要证明给自己和我们看。他可是一块难啃的骨头，我费尽心思去寻找与他沟通的方法，在3月时，我还参加了一个培训班，是教母亲如何解读青春期男孩的语言的。我试了许多方法与他接触，同他一起看终极格斗冠军赛（UFC）以寻找话题。我觉得，花时间同他一起看军事频道的“特别行动”，是母亲同青春期儿子联络感情的一个办法。

我认为朱丽叶所做的事情很重要，她找到了一项孩子喜欢的活动，然后和他一起做，这是与孩子联络感情的一种非常重要的方法。男孩子大多喜欢体育活动，男性通过一起做事情来发展彼此之间的亲密关系，并且男性喜欢有人陪伴。如果你能找出十几种活动，并能不受干扰地和他一起玩（不要在他的朋友们正等他过去时和他一起玩套圈游戏），你们之间便能进行良好的沟通。当我的大孩子上中学时，我们在家里的后院修了个大游泳池，并在旁边摆上了蹦床，我们希望有一种可以全家参与的体育活动，而且鼓励他的朋友到家里来玩。虽然维护泳池的费用很昂贵，俄勒冈州的气候，一年中大部分时间也不适宜室外游泳，但我们认为这项投资是非常值得的。

另外，我从没见过一个小伙子不喜欢美食，许多母亲能够利用食品作为催化剂与儿子联络感情。无论何时，只要儿子带朋友来，我们总是尽量让他们吃好，即使仅仅是简单的比萨饼。他们可以随时来家里，丝毫不会引起我们的不快。由于他的朋友们总愿意来我们家，这使得儿子可以有更多的时间待在家里，这便让我们可以更有力地影响他，并且可以了解他的朋友们的情况。

请找到可以同你儿子进行沟通的方法吧！作为母亲，你所施加的巨大影响将会收到丰厚的回报。

延伸思考

※ 你是否认识到你该放手让孩子进行自我管理？为什么这样做对于男孩成长为一个男子汉是必须的？

※ 哪些方式会让母亲对男孩产生积极或者消极的影响？

※ 女性对男性男子气概的形成都有哪些影响？

※ 你认为自己的儿子最需要从你这里获得的三样东西是什么？

父亲和儿子：
年轻男子需要从父亲那里得到什么？

Dad and Son:
What Young Men need from Dad?

父亲能够如何保护和引导他的孩子，他的防护是积极主动的，但往往在暗中进行，不被孩子发觉。

爸爸不见了。由于他不在，世界四分五裂。要是爸爸还在，他就会修复分歧。

——露西尔·鲍尔（Lucille Ball）（去世前不久，当被问及为什么美国家庭正在变得支离破碎时如此回答。）

这是一个关于印第安人举行成人仪式的古老传说：当一个男孩准备成为一个男人时，父亲把儿子带到森林里，蒙上他的眼睛，将他单独留在那里。他被要求整个晚上都坐在树桩上，不许揭掉遮眼布，直到清晨的阳光透过它。他不能喊人帮忙，在他熬过那个晚上之后，大家便认为他是个男人了。他的经历要对其他男孩保密，因为每个男孩都要经过自己的成人仪式。

独自待在森林里的男孩自然会害怕，他能听到各种叫声，他的周围一定有野兽出没，甚至还会有异族人要伤害他。

在煎熬中，他感到大风在卷草动沙，晃动着他身下的树桩，但是他咬紧牙关坐着不动，也不碰那块蒙眼布，这是成为男人的唯一途径！最后，经过了恐怖的一夜，在阳光的照耀下，他摘下了眼罩，此时，他发现自己的父亲正坐在旁边的树桩上，他也在那儿坐了整整一夜，保护自己的儿子不受伤害。

这个故事完美地描绘了一个父亲如何保护和引导他的孩子，他的防护是积极主动的，但往往在暗中进行不被孩子发觉。作为男人，我们常用远距离的观察，还有判断力和经验来保护家人免遭危害，却又往往不被他们察觉。这是男人教育和指导晚辈的方法，这让孩子懂得如何去爱。

男孩需要被父亲和其他男人训练得坚强起来，生活是艰难的，柔弱的男孩在成功的路上会困难重重。在那些以妈妈为主导的家庭中长大的许多男孩，日后都面临困境，要么犹豫彷徨，要么挫折不断。一些男人不愿担当起领导家庭的责任，于是，母亲别无选择地挑起了大梁。单身母亲也别无选择，只能独立支撑。但常有另一种情况，在那些重新组合的家庭中，由于儿子并非继父所生，母亲常常干涉或控制对儿子的日常管束，并充当决策者。这种干涉破坏了继父的影响力，并导致孩子失去对他的尊重。坦白地讲，有时女性在家里独揽大权不让男人插手，常常违背了男人想当领袖的心愿。

上天赐予父亲力量

一个父亲顶100个校长。

——乔治·赫伯特（George Herbert）

有时，想要判断一个人的能耐或影响力达到了什么程度，需要去观察他不在时会发生什么。上天给了男人特别是父亲无与伦

比的力量去影响他的家人，男人做什么或不做什么都强烈地影响着妇女和儿童的生活。举例来说，好父亲和好丈夫会给他们的妻儿带来幸福，而那些抛弃家人、虐待妻儿或感情冷漠的男人则会给家人带来巨大的负面影响。对于男孩，父亲是生命中最重要的榜样。

在约翰尼·卡什（Johnny Cash）的传记电影《一往无前》（*Walk the Line*）中，卡什纠缠于无法获得父亲的认同与祝福，他被驱使着去取得一项又一项的成就，去买更大更好的东西，这些全是为了让父亲为自己感到骄傲。他最终转向了毒品去寻求慰藉，以麻醉心中由于父亲的责骂和轻蔑而留下的伤痛，他的生命由此失去了控制，最终他也失去了一切。

通过有所为和有所不为，男人有巨大的力量去影响人们的生活（无论是好的还是坏的），我所认识的绝大多数男人都不明白或不能识别这种力量，当我在演讲中谈到男人的这种力量时，男性听众们感到惊讶甚至震惊。我猜想，可能是我们的文化从不提及这种取之于天的、改变人们命运的力量。事实上，我们的社会（通过电影、电视、商业）似乎正力图弱化和毁坏男性的影响力。

像其他具有巨大力量的事物一样，男性力量对于善和恶两方面都有影响力，因此，如何使用以及为什么目的使用它就相当重要。我们的社会害怕男性力量的负面影响力，总是试图在它形成前就将其遏止，那些误入歧途的男性力量毁掉了许多人的生活，伤害了许多无助和无力抵抗的人。也许，正是由于对其破坏力的恐惧，才使许多人对男性力量采取了扼杀的态度，或是对其进行限制以免为患，而不是去培育它，使它的积极作用得以最大程度的发挥。如果我们（特别是男人）都不训练男孩成为一个好男人，我们就不要期待有什么好结果了。

我们的“好爸爸”项目接纳了许多单身母亲和没有父亲的孩子，他们中的大多数都因生活中失去了男性的引导而受到了摧残，他们更容易成为歹徒的攻击对象，更容易遭受贫穷的折磨，更容易陷于吸毒、性乱、犯罪等高风险行为中难以自拔。单亲家庭的孩子其学业成绩往往远远落后于完整家庭的孩子。另外，这些不良的行为还会成为几代人的共性，能够遗传给下一代。例如，在那些几代人都是单身母亲的家庭里，我们发现，那些家族一代又一代的男人往往都会离家出走、被监禁或吸毒酗酒。[1]

在前面提到的“单身母亲之家夏令营”中，我们的部分目标就是试图打破这种世代间的恶性循环。我们想通过教育和指导来实现我们的目的——让成年男性志愿者作为男孩们的榜样，同他们一起踢足球、打篮球、骑山地车、攀岩、钓鱼、游泳、远足等。在所有时间里，我同其他演讲者和孩子的母亲们在一起，教给她们生活的技巧，教导她们如何发展母子关系和如何教导子女，并给她们精神上以鼓励。而我们的女性志愿者则带着母亲们放松一下，去参加一个叫作“沐浴日”的活动，她们在那里可以享受足疗、美甲和按摩等甜蜜的服务，晚上，她们还会去唱卡拉 OK。对于许多单身母亲来说，这是一段欢乐、受人尊敬、令人感到慰藉的时光，重新唤起了她们的精神活力。

由于缺少积极的男性关怀，这些女性和儿童都饱受生活的折磨。在夏令营中，无论男孩还是女孩，都在这些热心男士的爱护、指导和约束下心花怒放（一些孩子是头一次体会到这些）。我们几乎立刻看到了孩子行为的积极改变，只用了很短的时间，孩子就变得更加安静、有礼貌和渴望得到乐趣。男孩们受到男子气概的

影响格外开心，当男人们传授男孩一些基本技巧后，你可以看出他们的自信在增长。甚至一些出身于无父家庭的男性讲师，都从学习这些技巧中获益匪浅。当男性讲师传授处事的智慧和如何在生活中获得洞察力时，那些青春期的男孩特别留意倾听每一个词。显而易见，他们处于“父爱饥渴”中，渴望健康的男子气概的影响。围坐在篝火旁，我看到原先桀骜不驯、怒气冲冲的小男孩们盘坐在男人的膝上，偎依进他们的怀中，男孩们心满意足地整小时盯着篝火，像干海绵吸水那样尽情吸吮男人的气息。

一个参加过活动的奶奶骄傲地告诉我，她16岁的孙子最近帮她摆脱了一个男人的骚扰，他周围没有哪个人会教他这些，那个奶奶把孙子这一意外壮举归功于我们的讲座以及在“单身母亲之家夏令营”参加的活动。她继续讲道:“看到他的行为，我忍不住哭了，有生以来第一次，有一个男人来保护我，这同我以前经历的完全不同。”

另一个参加夏令营的单身母亲对我妻子说，她坐在我旁边时非常紧张，她以前从未同一个规规矩矩的男人坐到一起过。

整整一生都没有男人来保护，或者没有一个规矩的男人坐到身边，你能想象这样的生活吗？这对我是难以理解的，我想，我们想当然地以为人人皆有的东西，却是那些孤儿寡母们迫切想要得到的。

每个男孩都需要听到他的父亲说这样两句话:“我爱你”和“我为你骄傲”。得不到那样的祝福，男人将毕生去寻找和想要获得它。上天赐给男人非凡的巨大力量去积极地影响自己的妻子和儿女，甚至还能影响身边其他的妇女和儿童。男人可以选择使用这种力量，也可以选择不用它，甚至选择去滥用它。但无论他如何选择，随此巨大力量而来的，是巨大的责任。

当我在“加拿大希望守护者”大会上发言时，我常常提到医治父亲的创伤。我谈到父亲的力量对我们生活的影响，以及有必要医治父亲的创伤，从而让他们积极向前，成为一个健康成熟的男人和父亲。发言完毕，我邀请听众分享他们的感受，男人们涌向了前排，一些人啜泣着泪流满面，他们拼命寻找其他男人一起祈祷，祈求上帝治愈那些缠绕他们一生的伤痛。当那些没有父亲的男孩哭寻父亲的拥抱时，他们立刻被年长一些的男人包围，并为之祈祷。一些老年人也在哭泣和祈求解脱，他们的伤痛之深令人震惊而难以忘怀。这场景又一次见证了上帝赐予父亲怎样的力量。

没有父亲的男孩会遇到什么情况？

几年前，我们开始为女性开设了一个讲座，教她们如何抚养男孩成为一个出色的男人。[2]讲座针对的对象是母亲、祖母、阿姨、教师、管理者、社会服务者，以及任何与男孩一起生活的女性，或其工作同男孩有关的女性。但是我们发现，社会上有大量的女性被迫独自抚养男孩，她们尽力想搞懂，到底需要什么才能使自己的儿子长成一个出色的男人。这些女性中的很多人在抚养和了解男孩时面临极大的劣势，因为不仅她们自己不是男性，而且在她们的成长过程中也往往没有父亲或兄弟。在进行了多场讲座后，我清楚地感到，这些母亲面临的最大困难之一是，她们儿子的生活中没有积极的男性榜样。

为了解决这一困境，我们开始了一个叫作“站起来讲话”的项目。这是一个指导项目，针对没有父亲的男孩们，有点像以信仰为基础的“大哥哥”项目。项目起先是与一所圣经学院合作的，在那儿，我们培训男性神学生每周花几个小时同没有父亲的男孩们在一起，这些孩子的母亲都是我们上述女性项目的学员。很快，我们看到了一些令人惊异的结果，孩子的母亲们开始报告说，她们儿子的整个表情都发生了变化，其行为更加得体了，较少发脾气，对母亲有了更多的尊重，并且在学习上也表现得更好。一些母亲还证明，那些辅导员的出现使孩子的阅读成绩提高了（虽然他们从未在一起读过书），她们记录下的行为改变还有不再尿床，等等。几乎所有的男孩在日常生活中，都变得更为自信和冷静。

我们教辅导员要同男孩们进行更多的体育活动。许多无父的男孩由于无人监管，花了大量的时间看电视或打电子游戏，从多方面讲，这些都是不健康的。我们鼓励辅导员主动利用机会去教孩子们各种各样的本领，诸如钉钉子、接住棒球、投篮、骑车、安全使用水果刀、野外远足，等等。所有这些事情，如果没有爸爸，男孩都无从学会，但要是不会这些本领，他们将会感到自己无能。我们有时还教大一点的男孩刮胡子和其他个人卫生方面的技巧。你也许会吃惊，如此简单的事似乎应该人人做起来都毫不费力，但这些没有父亲的男孩却不知如何下手;并且由于羞于启齿，他们经常磕磕绊绊地过日子，对相关知识一无所知。

我们鼓励辅导员培养男孩的良好品行，比如自律、坚忍（不轻易放弃）、诚实、勇敢、尊重妇女（尤其母亲），等等。只有通过模仿其他年长男性，男孩才能比较容易地学到这些品行，这就是为什么许多男孩的母亲尽管很重视这些品行，但她们的儿子依然无法学会。

我们在没有父亲的男孩身上还观察到了另一个问题：他们不愿意接受挑战。由于没有自信心，这些男孩中的许多人不愿经历失败带来的羞辱，因而无法获得只有从多次失败中才能得来的宝贵教训，也无法得到要从最终的成功中获取的自信。他们变得意气消沉，一遇到困难就会退缩；他们比别的男孩更爱哭，当摔倒并擦伤膝盖后，他们会立刻开始大哭，等着妈妈的救援。如果此时有一个男人扶起他们，替他们掸去尘土，他们就会认识到其实伤得很轻，并马上止住了哭声。再强调一遍，男人的出现，能帮助指导和鼓励男孩坚忍不拔直至成功，从而获得积极的自我评价和自信，使他们在生活的其他领域中甘冒风险，勇于接受挑战。

非常普遍的是，由于这些孩子在生活中只能受到女性的影响，他们被女性化了。他们仅会从女性的视角去看待生活，他们不愿意尝试新的事物，并总是期待得到母亲（或其他女性）的救助，这是很容易理解的，因为母亲们总在帮忙，使得他们根本不知道怎样才能做好。随着年龄的增长，他们变得犹豫不决、被动、温顺，并且难以处理好人际关系。他们倾向于依赖女性去做那些关乎他们命运的决定，很少承担起上天赋予男人的领导责任。

这些男孩经常发脾气。有时，他们的怒火向外发泄，在公共场所和教室里显露无遗。其他时候，他们把怒火压在心里，采取消极抵抗的行为方式。坦白讲，他们有权利愤怒，他们被剥夺了天赋的权利，没有父亲来教导他们在险恶的世界里如何披荆斩棘寻求出路。他们没有父亲来教育、保护和同情他的遭遇，他的愤怒经常被其他感情所笼罩，比如恐惧、羞愧、焦急、软弱无力，甚至疼痛。除非这些男孩学会认识这一点，不然他们将一直相信，

大多数情况下，男孩需要一个男人来指引他穿过荆棘丛生的成长之路。

用发怒和其他不健康的方式，可以处理生活中的所有问题。

在没有父亲的男孩中，我们还观察到一种倾向：他们都感到自己与别人有些不同，并觉得这种不同让他们处于劣势。这种不同可能包括：行为问题、语音障碍、情感纠结，甚至学习障碍（比如多动症），但通常是一些身体或情感问题将他们与同伴区别开来。通常，这些不同导致了孩子的孤僻，并愿意同女性待在一起，因为她们更加同情和接纳他。由于缺乏男性的榜样，他们愿意依赖的只有女性。这使他们同男性相处时极不自在，并且很容易落入那些肯接纳他们的社会组织的掌控之中，比如其他无父男孩的团伙，或者各种不健康的男性组织。

尽管以上的观察只是我们日常的所见所闻，但多种研究明显支持我们的看法：没有父亲的男孩要经历各种情感的煎熬。失去父亲产生的创伤和压力，很可能与仅能受到女性的单一影响这一问题纠缠到一起，最终制造出很多问题来。

在《精神健康中的毁灭倾向：善意的伤害之路》（*Destructive Trends in Mental Health: The Well-Intentioned Path to Harm*）一书中，作者罗杰斯·赖特（Rogers Wright）和尼古拉斯·卡明斯（Nicholas Cummings）谈到一项研究，在对患有多动症的孩子进行治疗时，他们会给那些生活中明显缺乏父亲参与的孩子配以男性治疗师，以进行行为治疗，并特别注意培养孩子对男性产生积极性的依赖。在治疗结束时，只有 11% 的男孩和 2% 的女孩需要继续进行医疗干预。该项研究的作者认为，社会因素可能是导致多动症的重要原因，这些社会因素包括：缺乏积极的父亲榜样；家中不断有问题男性频繁往来；父母糟糕的养育方式；由于师资不足，为了维持课堂秩序而施加给孩子严格的纪律；社会中，对于男孩的许多自然行为采取日益冷淡的态度等。[3]

我经常接到来自母亲或男孩亲属的邮件，那些男孩由于缺乏积极的男性榜样而处于极端的煎熬中。这些男孩有很多问题，但很明显，所有的麻烦都源于他们失去了父亲。顺着他们现时的道路往下走，看不出他们有任何机会能够健康地生活。我发现，最好的也是唯一打破这一毁灭宿命的出路是，教育他们的母亲认识什么是健康的男子特性，然后在孩子的生活中引入一个积极的男性榜样。没有这样的干预措施，今日这些没有父亲的孩子日后也会抛弃他们自己的孩子。

榜 样

男孩需要父亲作为生活的榜样，这并不意味着父亲需要完美无瑕、从不犯错。作为父亲、丈夫和男人，我当然犯了许多错误，并且还会继续不断犯错。但是，努力是至关重要的，一个儿子看到父亲不断努力成为最好的榜样，特别是父亲能够承认错误并加以改正，很可能会激起他自身上进的愿望。很多孩子在面对压力时，常被父亲的刚毅榜样所激励。同样，许多孩子也由于父亲的缺位而心神不宁，甚至自暴自弃。

为了替代父亲，男孩在生活中需要一个男人，对于没有父亲的男孩来说，引入一个积极的男性榜样可以达到完全不同的效果。为人父亲的男人是最好的选择，不过几乎所有男人都能起到一定的作用。男人天生就有能力医治男孩的创伤，只要他们肯花时间陪伴并照顾孩子，全心地投入，将自己的男子气概与男孩分享。

通常，一个男人几乎不需做任何特别的事情，只需让男孩站在一旁，观察自己的所作所为和如何处理问题，自然就会点亮孩子的心灵，医治他的伤痛。

当一个父母离异家庭的男孩进入青春期时，他常常会自行其是。母亲由于无法管束儿子，便会将孩子送去与他的父亲同住，或者将孩子送到农场去与祖父一起生活。男孩似乎本能地知道：他需要男性的影响，他甚至下意识地不服母亲的管教，强迫母亲送他去与父亲同住，或者去其他的男性环境。

在电影《老爷车》（*Gran Torino*）中，克林特·伊斯特伍德扮演了一个叫沃尔特·科瓦斯基的参加过朝鲜战争的退伍老兵，他生活在一个邻居不断变化、移民占大多数的社区里。科瓦斯基抓住了一个叫荷蒙的十几岁男孩，他是科瓦斯基的邻居，没有父亲，刚刚加入了一个黑帮，入伙后第一次下手便想偷科瓦斯基视为珍宝的1972年福特老爷车。作为惩罚，荷蒙必须给科瓦斯基打扫街区。科瓦斯基渐渐对荷蒙有了好感，并开始指导他如何成为一个男人。他教荷蒙如何干活、如何修理东西；教他如何顽强地克服困难，如何像一个男人那样讲话；他展示了一个男人应该如何保护弱者，他最终为救荷蒙而献出了生命。在电影的结尾处，一个原本毫无希望的男孩迸发出了勃勃生机，他终于有机会在生活中获得成功，而这一切全都归功于一个年长男性的教导。

西奥多·罗斯福的父亲对他的一生，甚至是健康状况，都起了巨大的作用。年轻时的罗斯福称他的父亲是“我知道的最好的人”。当罗斯福4岁时，时值美国内战，他父亲离开家很长一段时间与林肯总统一起工作。传记作家埃德蒙顿·莫里斯（Edmund Morris）这样描绘在父亲离开的那段日子里，小罗斯福发生了什么

样的变化:

孩子似乎马上陷入了长期的病态当中。从父亲离开的那一刻起，西奥多便小病不断，他咳嗽、感冒、恶心、发烧，神经性腹泻也没完没了……由于缺乏食欲，他开始出现营养不良的症状。由于父亲的离开，西奥多的哮喘到底加重到何种程度？这一点从他 1937 年后的一些谈话中可见一斑："他是个衣着讲究的潇洒男人，现在想起他来，还和以往一样让我感到舒适。当他把我抱在怀里时，我能呼吸了，能睡觉了。我的父亲，他使我能够呼吸，使我的肺部强壮，使我的生命强壮。"[4]

但是，他的父亲并不溺爱他。事实上，他督促儿子甚为严格。在经过了整个病病歪歪的童年之后，12 岁的罗斯福看起来高挑、瘦弱、骨瘦如柴，仿佛弱不禁风。父亲对他说:"西奥多，你有头脑却没有身体，没有身体的帮忙，头脑根本走不了多远，你必须强壮筋骨。这做起来艰难而枯燥，但我相信你能做成。"[5]西奥多立刻开始了一个强身计划，通过严格的自律和顽强的毅力，他最终练成了一副出了名的、公牛一般强壮的身体。随着健康的改善，他逐渐成为了一个卓有成就的博物学家、作家、猎人、农场主、环保主义者、运动家、战士以及政治家。42 岁时，他成为当时美国历史上最年轻的总统，成为国家历史中最伟大的人物之一。

我们经常带着没有父亲的男孩一起参加男人们的野营，其中一些孩子特别善良可爱，但都毫无例外的极不成熟。他们的母亲把他们当成小男孩来呵护，这些男孩同女性做伴的时间太长了，因而变得同男人在一起时不适应或不舒服。由于太长时间受女性管束，他们的行为里沾染了许多女性的特点。他们不懂得男人世界里的规矩，比如他们说话太多，在别的男人说话时经常插话（这在女性中是可以接受的沟通技巧，而在男人世界里则被视为不尊重他人），还有不当的情绪化反应。在谈话时，他们漫无目的地说个不停。这些男孩从未学过男人间默认的互相尊重的法则，由于总是不合时宜地打断他人的谈话，他们很快为其他男性所反感。他们受到了责备和轻视，最终被疏远和冷落。

他们也经常对人不敬，那是因为他们身边的女性纵容他们如此行事。这需要其他男人的告诫（经常是严厉的），从而教会他们如何在男人圈里举止得当。否则，其他的男人和男孩都不愿同他们来往，会更加疏远他们，给他们日后的人生带来严重的后果。如果他们不学习这些技巧，不使自己柔弱的内核变硬，他们的一生将备受折磨。他们不懂得男人的行为应该更为硬朗，特别是在户外时，男人的行为都会格外粗放；他们必须学会不在意那些小剐小蹭，对身上的伤口满不在乎；他们还要学会以积极的态度去面对逆境和失望（在野营中，最糟糕的事情就是有一个愁眉苦脸、不停抱怨的同伴了）。总待在妈妈的身边，这些男孩学会了只要自己抱怨和撒娇耍赖，他的妈妈或奶奶就会跑过来，尽其所能地帮他解决问题。要想成为一个健康、快乐的男人，这些男孩都需要学会自己解决问题。

最近，在一次父子野营中，我带着一个没有父亲的 9 岁男孩作为我的帮手。我花了几乎整个周末，手把手教他一些生活中极为重要的东西。当他想要打断别人讲话时，我会提醒他注意，让他等到别人讲完后再开口；当他喋喋不休时，我会要他停下来安静一会儿，我告诉他男人常常需要安静，好使他能思考问题和处理信息。谈话是女人处理信息的方式，他从包围他的女性世界里学到了这种方式。当他丢了他的折刀时，我要他找回来，为此他错过了许多活动，但我希望他学会更加负责任（两次都是我从土里捡起他丢的刀，并放进了自己的口袋以免丢失）。

当我们收拾行装准备离开时，我让他拆下自己的帐篷、拾掇好自己的装备。他碰到了许多困难，每当他叫唤着要求帮助时，我首先会鼓励他照着传授给他的技巧做，然后问他是否试了所有的方法，最后会要他继续干下去。我还会轻声但坚定地提醒他，有困难时，男人不能哭哭啼啼，只有女孩才那样干（我已经能听到女权主义者大声的抗议了）。每次他坚持说“我不能”时，我都向他解释，所谓的“不能”是一个赌咒用的词语，它可能是英语里最糟糕的赌咒了，我请他停止对我赌咒（当你坚持不能做某事时是在否认上帝的能力，我认为那是对上帝的亵渎）。

经过这番教育，他快要哭了。我最后耐心地告诉他，如果他不能把东西收拾好，我们就只能把他的这些装备留在树林里了。他不相信地望着我说:“你当真不会帮我吗？”我说:“不会，因为如果我帮你做了，你就永远学不会自己做。”看看，他已经被惯坏了，只要他一遇到麻烦，哭闹一下，他的妈妈就会来帮他。他最终坚持了下来，自己完成了任务，在自我完善方面学到了重要的一课。我大大地赞扬了他，让他记住，那些他以为不能做的事其实完全可以做到。我告诉他，我对他的能力比他自认的还有信心。当我们道别时，走在其他男人当中，他的腰板也挺直了起来。

这个男孩也同样强烈地需要男子汉式的表达友爱的方法，这种需求在他身上显现得很微妙。一方面他显现出了许多女性常见的表示友爱的姿态（比如手挽手、轻触脸颊、窃窃私语、拥抱等）；另一方面，他天生的对男性间健康硬朗的友爱之举有强烈的渴望，比如拍打、胸口互撞、较力、对拳、击掌，或者快速有力的拥抱。

父亲和纪律

父亲在管束男孩方面特别重要，在家庭中，父亲天生拥有精神上的权威，孩子对父亲天生有一种畏惧，对母亲却没有。埃德蒙顿·莫里斯如此描绘："他魁伟、松弛的身体时刻显示出一种威慑，如同一头打盹的狮子，随时可能挥出致命的巨掌。"[6]

特别对于十几岁的男孩来讲，父亲会起到约束的作用，防止他们随意而为、损人害己。父亲通常被视为家规和家庭价值观的守卫者，你很难见到哪个黑帮成员来自于一个父亲既负责任又慈爱的家庭。青春期的男孩已开始同他的母亲顶嘴，但他从不敢在父亲面前如此放肆。

那些没有父亲管束的男孩很难学会自律，而自律对于男性日后是否对生活感到满意影响巨大。没有人管束的孩子往往并不快乐，长大成人之后，他也会令周围的人感到失望。

作为一个成熟的过程，男孩需要经受锤炼，那些从未经过生活考验的男孩，将永远不会发现自己的价值，在他长大以后，也将没有自信心和安全感，而这些锤炼是无法从书本和课堂上获得的。如果男孩在成长中被呵护过度（女性抚育者常会如此），他就学不会自强和争取成功的技巧。大多数情况下，男孩需要一个男人来指引他穿过荆棘丛生的成长之路。由于缺少指导，太多的男孩在长大成人的过程中经历着愤怒、沮丧、焦虑和恐惧的折磨，为了对抗这些情绪，他们往往展现出一种愚勇和盲目的自信。我还记得自己年轻时曾用愤怒、敌意和粗鲁来掩盖心中的不安全感，我没有安全感是因为在我的生活中，从没有一个父亲那样的角色教导我如何解决生活中遇到的问题。

事实是，如果我们再继续制造出数量如此众多的愤怒青年，我们的文化最终将经历毁灭性的灾难。当男孩学不会如何解决生活中遇到的困难时，他们只好依赖别人的照顾而生活，根本无法履行自己天然的责任——养育和保护自己的家人。这种失败最终会让他对生活感到灰心丧气。

* * * * *

没有父亲的言行作为样板，男孩只能独自尝试着度过生活的难关。没有父亲的孩子在生活的每个领域都处于明显的劣势，许多人永远都无法逃离这种劣势，终生与伤痛和毁灭感相伴。即使是那些脱离挣扎的人，也常常会为各种各样的困难所困扰。父亲的缺失会在男孩的胸口留下一道深深的、永难愈合的伤疤。

所幸的是，单身母亲毕竟还养育出了数以百万计的健康男子，其中有很多名人，如奥运冠军迈克尔·菲尔普斯，甚至还有像罗伯特·李将军这样的伟人。不过，要打破无父男孩面对的不利局面，使他能够顺利成长为一个自信的男人，最为关键的一步就是让母亲懂得男孩的需要。

延伸思考

※ 为什么年长的男性对年轻男性的生活非常重要?

※ 你相信作者关于男性对男孩生活有巨大影响力的断言吗? 你的父亲用什么方式影响了你的人生? 那些影响是否左右了你对男子气概的看法?

※ 没有父亲的男孩会受到怎样的影响?

※ 为什么男孩需要被男人督促? 无人督促时会发生什么?

Chapter 5

健康的男子气概：男子汉的标志

Healthy Masculinity:
The Marks of Manhood

通过言辞和行动，一个母亲设定的高标准，就如同在儿子心中种下了期望的种子，使他超越了即时的享乐，为了实现命定的伟大目标而努力不辍。

无数各不相同的忠诚与勇敢行为塑造了人类的历史。每一次，当一个男人起来捍卫一种理想，或者为造福他人而采取行动，或者为反抗不公拍案而起时，他便传递出了一轮微小的希望之涟漪。

——罗伯特·肯尼迪

所有男人都渴望伟大，他们想成为杰出之辈，他们都有一颗想要非同凡响的心，想要追求更伟大的生活。不幸的是，没有几个人可以得偿所愿。

我们的文化，在激发年轻人心怀宏图大志方面做得并不出色。很多男孩在未到 20 岁时，就开始变得愤世嫉俗、自我陶醉和道德混乱。他们消极避世，早早地泯灭了理想的火焰与澎湃的激情，而正是理想与激情推动着一个不甘平庸的人取得伟大的成就、克服万难的险境。他们失去了憧憬的能力（或者从未学过如何去憧憬），而憧憬能激发人们的忘我精神，从而推动他们利用天赋的男性力量，去扶危济困、造福他人。

世间最感人的莫过于看到一群目光明亮、激情四射的小伙子在追求高贵的奋斗目标，而最令人沮丧的莫过于看到一伙灰心丧气的小青年，睁着迷茫狐疑的眼睛，漫无目的地过着卑微的生活。这样的男人追求的不过是自身欲望的满足，他们经常利用自己的蛮力去欺凌弱者。

母亲和父亲应尽其所能帮助男孩首先理解什么是健康的男子气概。男孩需要被指导，他不能仅凭一己之力越过横亘在男孩世界与男人世界之间宽阔的深渊。但是作为成年人，在做出指导之前，我们必须确定何为真正的男子气概，它到底意味着什么。没有这一基础概念和清晰的标准，你就很难去教导一个青年。

然后，我们将帮助他达到成为男人所需的标准，既然女性的评价对于男性对自己性别的感受有重大影响，那么母亲不仅要用话语为孩子打气，还要注意抬高男子气概的标准。通过言辞和行动，一个母亲设定的高标准，就如同在儿子心中种下了期望的种子，使他超越了即时的享乐，为了实现命定的伟大目标而努力不辍。

健康的男子气概什么样?

不计个人得失，无论艰难险阻、压力重重，男儿当行其必行之事，此乃一切美德之基本。

——温斯顿·丘吉尔

非常多的男孩，在迈向成人世界的过程中，对于自己要扮演的角色以及如何扮演毫无概念。对于那些生活里没有男性榜样的男孩而言，这种情况尤其是灾难性的。最为重要的是，我们应该

训练男孩做好准备，以成为家庭的供养者和领导者。未经训练的男孩如同风中的树叶，到处飘荡，永无安宁。男孩需要懂得作为男人、父亲和丈夫意味着什么，也要知道如何实现这些角色。男人世界令孩子们感到恐惧，那些训练充分、知识丰富的男孩将信心十足地去尝试新的角色；那些未经培训的男孩将只能轻信他人的建议，而那些建议往往大多数都是不健康的。

男人的一个神圣职责就是保护他的家人免遭苦难。没有学会这一点的男孩（或者生活中有坏榜样的男孩）将很难理解和适应这一职责。同时，他们将无从体验那种履行了自己职责之后的满足感和作为男子汉的自豪感。

重要的品质

某些品质对于男性而言是处于核心地位的。通过不断取得成就，男性首先发展出他的自尊、自我形象和自信，而这在很大程度上依赖于他的表现。与此相对应，女性培养相应的品质，则通过与家人、朋友和他人的关系来获得。

迈克尔·古里安如此描绘:“男孩需要通过互相竞争和优异的表现来感受自己的价值……一个男孩如果没有学过如何在竞争中获得成功，没有因成功而获得他人的赞扬，他就会感到失落。”[1]

男性最好的学习方式是亲自动手，从错误中汲取经验教训，反复尝试，直到最终取得成功。小时候，继父从未教过我如何修理汽车，但通过自学和反复的尝试，汽车上什么样的毛病都难不倒我。同样的学习策略，在我生活的其他方面，也都发挥了良好的作用，包括人际关系的处理。这种从失败和尝试中获取知识的自学能力，对我成为一个拥有自尊的男人起到了巨大的作用。我知道无论何事，只要下定决心做出了选择，就能做好它。这意味着即使面临挑战或身处陌生环境，我也不会畏缩不前或是百般提防。这种能够胜任一切的感觉，使我自豪地认为自己是个男子汉。

可是，从未被父亲手把手教过仍成为我心中挫折和焦虑的一个来源，自学意味着我要多花三倍的时间、多犯两倍的错误。不过，我克服了种种挑战（无论是酗酒的父母、创业的失败，还是家族的离婚传统，都没能击垮我），并在心中树立起了强大的自信心，这使我能在别人都已退缩时仍旧勇往直前。

那些未经考验的男孩无法建立起自尊心和自信心，那些轻易放弃或者总有人帮忙的男孩也无法树立起自信心和胜任工作的满足感。当男孩失败时，他需要的是鼓励和继续尝试，而不是责备或由他人代劳。

女性救援者

女孩成为女人只需顺势而为，男孩成为男人则需千锤百炼。男子气概是危险而难以捉摸的，要取得它就得远离女人，而只有其他男人才能确认它的存在……多愁善感不是真男人的本色。

——卡米尔·帕格利亚（Camille Paglia）

即使本意是为了帮助，女性也可能毁坏男孩健康的男子气概。

许多母亲或者出于内疚，或者由于受到过的培训使然，总是急于保护孩子，使其免于苦恼。这便养成了男孩依赖女性的习惯，而不是学习自己解决问题，以逐渐培养自己的领导能力。

如果不会自己解决问题，男性就会去找最容易的方法以摆脱困境，显然，依赖女性是一条容易的出路。由于女性的抚育天性，母亲甘愿尽其所能以确保儿子健康、幸福、安全和满意。但是，母亲做得太多，儿子学到的便只是更加依赖女人去满足自己的需要和愿望。

那些我们带去野营的男孩，很快就有了一个惊人的发现：男人们可不会像女人那样照顾他。起先，孩子们都抢到一把椅子，一屁股坐在篝火边，以为会有人伺候他们。但很快，他们就发现这种想法根本靠不住，每个人想要什么都必须自己起身去拿（当然，起身之后位子可能会被别人占据）。这不禁让我想起自己曾在一些场合见过，男孩们大咧咧地坐在椅子上，而他们的母亲由于找不到椅子只得站着。我们的夏令营中可不允许这样的事情发生，如果一个成人（尤其是女性）需要座位，男孩无论愿意与否都应该让出来。孩子应该学会尊敬长辈这一基本的美德，他还得学会尊重女性和服从领导。但是我们经常看到，当男孩视而不见身边需要座位的老人时，他的母亲往往纵容这样的行为，他的父亲也不加以干涉，让孩子起身让座。母亲应该知道，只有在童年和少年时给予恰当的教导和管束，孩子日后才能成为一个彬彬有礼的人。

有一件要紧的事需要记住：男人（无论老幼）大都会在做事时寻找最省事的方法，或者干脆找人代劳。因此，如果有女性主动提出要帮他完成任务，他往往是求之不得的。这可能与千万年来的进化有关，狩猎和防御都需要男人节省能量。不过，如今节省体力的理由已不存在了，人们应该认识到，男性有推卸和拖延的倾向。持续地为孩子代劳会养成他的惰性，并且我相信，这最终会让男孩在某种程度上轻视女性，使他对待女性如同奴仆一般。

钢铁与天鹅绒

世界是危险的，不是因为世上有邪恶之人，而是因为有人对前者听之任之。

——爱因斯坦

在《天鹅绒般的铁汉》(*Man Of Steel And Velvet*)一书中，奥布里·安德林谈到男人同时具有刚强和柔情的重要性。他把男人的性格比喻为一座建筑：用钢筋做成坚固的基础框架，而内部则用天鹅绒做装饰以抹平坚硬的棱角，增进建筑的壮美与柔和。

由于我们不再用更高的标准来训练和指导男孩，最终是越来越多的男性被惯坏了，变得没有骨气，无论在道德上、身体上还是精神上都软弱无力。不幸的是，当我们培养这样的男人时，不仅会影响他未来的生活，还会令周围的人跟着遭殃，并最终给全社会带来不良的冲击。软弱无力男人的大量出现，迫使女性成了家庭生活的主宰，担负起了自己可能并不擅长的领导职责；当男人不称职时，女性便只好越俎代庖。或者如安德林所言："如果她必须当一家之主，她就没工夫去当一个主妇，去履行好她的天职——用全部的时间和精力去做好一个妻子和母亲。"[2]

另外，软弱男人的孩子也跟着备受煎熬。由于缺少坚定和决

断的氛围，他在成长过程中找不到安全感；他无法学会尊敬或信服权威人士；由于在成长中无严父管教，他不懂得服从。[3]这些都将给他未来的家庭和社会生活带来各种各样的麻烦。

我摘录了安德林盛赞男子气概坚强一面的段落，尽管如今听起来于政治上有些不妥之处。

男子汉应是一名铮铮铁汉。他主动、坚定、果断、独立；他迅捷有力，不达目的绝不罢休。他是随机应变的大师，面对困难勇敢无畏，执行任务闲庭信步；他坚定不移，心高而志远；他为达目的专注又耐心，勤勉又任劳；他绝不软弱、胆怯；他果决、理智，刚正不阿；他卓然不群，非女人及懦夫能望其项背。[4]

我们如今给男子气概设定的标准低得可怜，女性化的倾向虽然杜绝了一些男性的野蛮行为，却同时也带走了骑士精神和其他的美好行为，这就如同将洗澡水同孩子一起倒掉一样。在当今社会，已很难再找到高标准的男性楷模。

我很反感现在的美国公司用满嘴脏话的饶舌歌星做其产品代言人，这些人的音乐宣扬暴力和对女性的敌视态度。对少男少女来讲，这些歌星的人格和代表的价值观都极不健康，把他们捧为年轻人应当效仿的男性榜样，是非常不合道义的行为。

毫无追求的男孩，他的生命也会毫无价值。那些推广不良标准的人像混凝土地基上的裂缝一般，削弱着我们社会的整体结构。那些没有钢筋铁骨的男人柔弱如天鹅绒，他们无从利用自己的男性力量，去扶危济困，去保护弱者。我们的社会也由于他们的懦弱和自私而蒙受损失。

真正的男子气概什么样?

那些在巨大的道德冲突中保守中立的人，会去地狱里最热的地方。

——马丁·路德·金

牙买加歌唱家鲍勃·马利（Bob Marley）相信，爱和音乐可以战胜邪恶和黑暗。1976 年 12 月，他准备举行一场慈善演唱会，以消弭敌对的两派政治组织互相争斗造成的紧张气氛。但就在演出前两天，马利和他的妻子以及经纪人唐·泰勒在马利的家中，遭到了不明身份的枪手的袭击。泰勒和马利的妻子受了重伤（所幸后来得以康复），马利的胸部和手臂受了轻伤。袭击被认为带有政治动机，是为了阻止演唱会的举行。可是，演唱会还是按时举行，马利在遇袭两天后带伤参加了演出。当被问到坚持演出的原因时，马利回答:“那些想让世界变得越来越糟的人一天也不消停，我怎么可能休息呢？”[5]

马利明白，好人沉默或逃避时，邪恶就会泛滥。如果年轻人有志改造世界，他们就应该好好记住这一课。

尽管我围绕着真正男子气概这一话题进行了许多写作、演讲和大量研究，我仍怀疑是否有人能够用三言两语把它描绘清楚。不过，我可以给你一些大概的指导，告诉你我所认为的男子气概应该有些什么，应该避免什么。

为了培养优秀的男人，我们必须了解何为真正的男子气概。如果男人们都应该具有男子气概的话，那么男子气概到底意味着什么？我们所谓的成为一个男人又意味着什么？我们告诉男孩要

像一个男人一样行事，要像一个男人一样有担当，要成为一个男人。但我们却不告诉男孩为什么要像一个男人那样行事或者担当，我们更绝口不提如何成为一个男人。没有人告诉我们一个男人是如何面对生活、如何解决问题的，或者至少告诉我们一个正确的男子汉的概念，我们只能靠自己来猜测生活中的各种难解之事。

一些旧式的男性榜样似乎已不再适应今天的社会。比如，“男孩不能哭”那样的行为教条如果曾经约束过男孩的行为的话，现在已经不再适用了。作为一个男人，我怀有与其他人相同的情感，尽管我不能像我妻子那样很好地定义它们，但我能感到它们的存在。另外，社会上对于怎样才算是一个男人自有一套精明的看法，这些看法多数围绕着财富、权力、强硬、性感和物质生活来展开。

与男子气概相对应的是女性化，但现代社会也让那些有女性化倾向的男人极不自在。这便是为何有如此多的男孩感到困惑的原因：我们的社会花了几十年的时间，极力使男孩变得温和柔弱，甚至变得女性化；而现在人们又反过来抱怨不再有真正的男人了。男性有他自身的天性，天生就不同于女性，但如今人们却奢望一个男人集两性优点于一身，既有传统男性的力量、荣耀和个性，又有传统女性的细心、善谈与合群。这也许是最理想的男子汉的典范，但却为我辈凡夫俗子望尘莫及。

传统文化通常这样告诉我们，一个男人一旦完成学业，就该一心扑在事业上，终其一生都要努力工作。它还告诉我们，男人的地位由他所拥有的金钱和财富决定，他挣的钱越多，他的人生便越成功。我们以能否实现“美国梦”作为判断人生是否成功的标准，因此传统文化中对男子气概的解释，多集中在是否有能力获得权力、美女和金钱等方面。

由于被灌输了这样的男性观，如今的许多男人都自以为是、胸无大志。他们冷漠而消极，缺少决断和执行的能力。他们看不见更高的目标，甚至他们之中的最优秀者，也仅满足于做一个好人，在方便时偶尔帮助一下他人。

看看最近上映的那些拍给年轻人看的电影，例如《菠萝快车》（*Pineapple Express*）、《一夜大肚》（*Knocked Up*）以及《太坏了》（*Superbad*），你就会知道，年轻人追求的最高标准不过是做个“好人”。在这些流行电影中，所有的年轻男性角色都极端地以自我为中心，并且只关注自己。他们把宝贵的精力都浪费在追求自我满足上，比如不负责任的性行为、吸烟及游手好闲。这种懒汉式的男性榜样在我们的年轻一代中非常流行。顺便提一句，我看了所有上述的电影，也觉得它们很有趣，但正因为它们有趣，才对年轻人有更大、更危险的影响力。

当今，大多数男人都为社会流行的成功价值观所困，一心追求自我满足。但我相信，所有的男人内心都渴望追求更有意义的生活，渴望为崇高的事业而奋斗。男人们还没有认识到，自由是上天赋予男人的使命，为了得到它，男人需要勇敢地承担风险，需要使自己经受磨炼与考验。

可悲的是，这种争取男性自由的方式常常被社会回避和忽视，在报纸上或晚间新闻里，你很少看到行事与众不同的男人。事实上，我们的主流观念似乎认为，具有真正男子气概的男人是非常危险的，必须加以限制，以免他对社会产生影响，并用恐吓、羞辱以及文化禁忌等方式使他保持沉默。

但是，那些具有真正男子气概的男人并不会乖乖就范，他们在用自己的力量争取改变世界。为了谋求他人的幸福，一个真正

的男子汉会抛开自己的需求、欲望，甚至梦想。他行善举时不会大张旗鼓，而是往往不为人知。他不会只追求个人的权益、成就和幸福，而是要谋求大众的福祉。一个真正的男子汉在需要做出牺牲时态度从容而高贵，牺牲精神是男子汉性格的一个重要组成部分，它使男人变得伟大。

有太多的男孩认为，长大以后的理想生活便是只做自己想做的事情，而不必理会自己讨厌的事情。我看到一些没有父亲的男孩所憧憬的日后生活，是由女性来包办和代劳他所有的麻烦事。但现实是，一个男人必须做许多自己并不情愿做的事情，还要放弃许多自己想做的事情。

一个真正的男人应该是充满荣誉感的。他要保护家人，遭遇险境而不动摇；他明白自己有义务去指导后来者，要对青年们施加有益的影响；他相信生活中有一些不变的真理和不可违背的原则；他要勇士般地去捍卫公正与和平，等等。当太多的男人如今迷失了方向，感到生活毫无意义时，真正的男子汉却知道自己使命在身。

拥有真正男子气概的男人是伟大的，他们帮助其他人去发挥潜力，他们甘愿牺牲去改造世界。他们满怀激情和理想，真诚地帮助他人，并不希冀借此谋利。他们毫不利己，他们用关注他人取代了关注自己。

我认为，《圣经》是我们寻找真正男子气概定义的最重要来源，《圣经》里要求男人须做到先人后己。它要求男人具有牺牲精神，要利用自己的力量和影响力去帮助他人，去保护弱者。

请读以下摘自《约伯记》第 29 章的段落，听听它多么有力地道出了一个男人的心声：

我拯救哀求的困苦人，
和无人帮助的孤儿……
我也使寡妇心中欢乐……
我为瞎子的眼，
瘸子的脚。
我为穷乏人的父，
素不认识的人，我查明他的案件。
我打破不义之人的牙床，
从他牙齿中夺了所抢的。

——引自第 12–13 节、第 15–17 节

在《圣经》中，上帝命令男人作为他在人间的代表，保护妇女和儿童。真正的男人是热情、强大和高贵的；其实，他们也是危险的，但只对敌人危险。

延伸思考

※ 如今的年轻男性是否陷于愤世嫉俗、自我迷恋，以及道德困境之中难以自拔?

※ 用理想主义的眼光看待哪些元素构成健康男子气概这一问题对于男孩为什么是重要的?

※ 年轻男子需要培养出哪些重要的品质?

※ 女性过度呵护男孩会有什么后果?

Chapter 6

情绪：
培养健康的情绪

Emotions:
Developing a Healthy Emotional Life

我们常看到男性大发雷霆，实际上很多时候，那样的愤怒不过是内心的恐惧、伤痛和挫折感派生出来的，是给那些真实情感打掩护而已。你下回可以留意一下，当男孩明显地感到沮丧或伤心时，他表面上的反应往往是愤怒。

对于理性又老练的人来说，幸福与否取决于他做了些什么，而不是他感觉到了什么；就如同他的功德或罪恶取决于他的所行，而非所感一样。

——马可·奥勒留（121–180 年）

我爱看橄榄球比赛，上高中时也喜欢玩橄榄球。橄榄球是一项激情四射的运动，许多教练鼓励球员多少带着一些情绪比赛，因为那样可以提升他们在场上的表现。不过，我注意到了一种在现今球员中蔓延的趋势，甚至职业球员也难例外，即球员在比赛时情绪往往过于激动，以至于无法控制自己。在球场上，情绪失控常常导致愚蠢的犯规和不理智的失误，给球队带来失败，球员们明知会受到处罚，仍然忍不住要去犯规。

事实上，男人无法控制自己的情绪也会伤害自己的家庭。我鼓励年轻人对生活满怀热情，关心周围的事物。我希望我的儿子和未来的女婿能够热心关注那些生活中重要的事情，比如社会上的不公正现象（偏见、歧视、种族主义），或者反人类的犯罪行为（虐待、种族灭绝、贩卖人口）。被动而又冷淡的男人白白浪费了自己的天赋，对周围的人也不会有丝毫的激励作用；但我同时希望他们能恰当地控制自己的情绪。我自然不希望他们变得木讷，甚至像个苦行僧，但也不希望他们经常情绪失控，由着性子闪电般地做出判断和决定。我不希望他们仅是凭着当时的感觉便做出决定，因为如此草率的决定，可能使他们在发火时说出或者做出伤害家人的事情，也可能使他们在欲火中烧时干出出格的事情，还可能使他们耽于享乐难以自拔。这种幼稚的情感，可能毁掉他们自己和周围的人。

恐惧

要想理解男性的情感世界，应先从认识那些使男性产生恐惧感的原因开始。恐惧是人类行为中最强烈的动机之一，了解使男人感到恐惧的根本原因，可以帮助我们洞察男性的心理，并制订出相应的策略，以缓解和克服他们的恐惧。

多年以来，有许多男人向我述说了他们的恐惧，无论年龄大小，所有男人的内心都有某种形式的强烈恐惧感存在。这些恐惧在某种程度上与女性的恐惧是相似的，但我发现它们在男人心中被更加强化。

多数男性（无论男孩还是男人）普遍都为我以下要讲的事情感到恐惧，他们也许不经常谈论它们，但这些恐惧总在他们心头萦绕。

一个非常诚实的男人告诉我："许多恐惧主宰了我的生活，我害怕失败、害怕变化、害怕未知的事物。这使我在面对新的挑战

时极度挑剔和悲观，想以此逃避这些挑战。当我被恐惧感控制的时候，我是如此软弱和无能为力。”

男性对无能都极度恐惧。无论与事实是否相符，无能的感觉和预判一旦形成，就像镣铐一般锁住了男性。无能的感觉是如此糟糕，因为它意味着自己缺少能力和技巧，难免会辜负他人的期望。男人成熟之后，对无能的恐惧会在一些方面显现出来，比如担心自己的性能力，害怕被女性拒绝，害怕没有足够的金钱和物质能力，等等。是否有出色的表现对男性非常重要，因为它直接影响了男性自尊的形成。男性通过成就来建立自己的自尊，而女性往往通过与他人的关系来树立自尊。近来，很多帮助男孩培养健康自尊心的策略都归于失败，这是因为这些策略都愚蠢地想通过夸奖的方法去达到目的，而不管这些男孩是否真的表现出色。

因为男性极度害怕失败或者害怕自己显得无能，他们往往在不知如何完成任务时，采取逃避的方式而不敢进行尝试。我曾同一个来自韩国的男人聊天，他告诉我，在韩国，有很大比例的孩子不和父亲生活在一起。当我问他为何如此时，他回答：“因为我们的经济陷入了危机中，失业率非常高，男人由于害怕无力养家而蒙受羞辱，因此选择了离家出走。”我并不认为这种现象只发生在韩国。

所有的男性都害怕失败，因为失败者往往会被视为无能者或废物。但是应该注意，男性虽然害怕失败，但对失败的害怕同对被视为无能的害怕是完全不同的。我们在失败后可以重整旗鼓，但被视为无能则给我们带来了极大的羞辱，这意味着我们不够格做一个男人。许多男孩或男人的举止过于粗鲁（比如对周围的人大声吆喝、发号施令），其实如此表现正是由于他们害怕自己无能。他们感到虚弱、不安全和恐惧，于是便通过使别人害怕的方式来进行心理补偿，通过恐吓他人、使他人恐惧，他觉得自己同周围的人一样了，自己正常了，不会为他人轻看了。那些从小没有父亲抚养的男人常常害怕自己成为父亲或丈夫，因为他没有榜样以资借鉴，不知该如何行事，他对承担如此重要、令人喘不过气的角色感到无能为力。另外，他不知道一个男人应该如何对待女人（或者如何去爱一个女人），因为从未有人教过他这些。

男人害怕不被尊重，尊重对于男人而言至关重要。对于男人，希望被尊重的愿望往往要强于希望被爱的愿望。轻视会令男人感到自卑和受到羞辱，羞辱感又会激起内心无能、无用的感觉，从而无休止地陷入毁坏自我形象的恶性循环中。有一点女性必须知道：如果一个妻子（或男孩的母亲）不尊重那个与她一起生活的男性，其他的男性也不会尊重他。这是因为男性都用一个坚硬的外壳，将自己不愿示人的弱点和无能感隐蔽起来，而与他共同生活的女性常常是唯一能够看透那层伪装的人。母亲对孩子的尊重程度，往往决定了孩子如何看待自己，也决定了他将来期望从妻子那里得到何种尊敬。

许多男性害怕失去控制力，因为失控很可能会导致失败，并暴露自己的缺陷。于是，激动的情绪总令男人担心，他害怕这些情绪过于强大而无法控制。与女性不同，男性对自己的情绪缺少把握和深刻的理解，因此常为它难以驯服的力量而忧心忡忡。事实上，多数男性认为感情用事，或者至少强烈地表现出感情来是一个弱点。尤其在男人群中，男人常常为感情的过度流露而感到尴尬。

男性还害怕被人掌控，因为这不仅暗示了他的无能，而且还

让他觉得自己对任何事情都无能为力。对于无能感，男人原本有一些应对的办法，有些人选择刻苦训练以克服之，也有人选择逃避的方法以回避之。但当男人处于被掌控的地位时，他便没有了选择的余地。于是，被人掌控对于一个男人来说，便是一种羞辱。男人明白，失败有时是不可避免并可以接受的，但被人玩弄于股掌之间却是完全无法忍受的。这就是职业橄榄球的比赛规则禁止羞辱对手的原因所在。

害怕男子气概不足是男性的另一个恐惧所在，因为那就意味着自己算不上真正的男人。许多男人宁愿忍受身体上的痛苦，也不愿被人轻视为“不够男人”。因此，妻子和母亲请注意，你们如果以轻蔑的态度对待身边的男性，就会令他有痛入骨髓之感。因为，当一个男人的知己（特别是女性）不尊重他时，就等于是对全世界公开宣告，他不够格当一个男人。

现今的男孩似乎有一种反同性恋情绪，甚至很小的男孩都害怕与同性恋者接触，因为那会使他担心自己可能被猜疑。这对他们尚不明朗和稳定的男性气概是一种威胁。要知道，那些有安全感的男性，是很少会因为与同性恋者接近而感到不安的。

一些男孩在培养自己的男子气概时，会遇到很大的困难或感到极不适应。对于这些男孩，我们要鼓励他们观察、理解男女之间的不同之处，帮助他们培养努力工作、勇敢无畏、坚毅果决、积极进取的品格。有了这些品格，男孩心中就会生出一种作为男性的自豪感，在他遇到困难时，这种自豪感将激励他尽全力去争取胜利。我们还应该鼓励男孩们识别并有意识地避免一些女性化的特征，比如犹豫不决、优柔寡断、胸无大志、软弱可欺，以及其他一些女性化的动作和语言。理想情况下，一个男孩在经过训练后应该做到：他能够搜集到各方面的信息，比较各方面有利与不利的因素，预测出可能的结果，并在短时间内坚定地做出决定。一个不会做决策的男人总会令他的下属或家人感到沮丧。为了学会做决策，不要计较可能会犯的错误，要让男孩从自己的错误中吸取经验和教训。不过，所有的尝试都最好有成人的指导和保护。

男性还非常害怕丧失重要的东西，降级或者失业、丢面子，甚至家里新添了宝宝使自己不像原来那样受关注，都会令男性灰心丧气并感到惊恐。如果男孩失去在伙伴中的地位，或者无法如愿组建自己的乐队、象棋俱乐部，或者被球队裁员，这些都会令他萎靡不振。

大多数男性特别害怕遭到拒绝，这妨碍了他去尝试许多重要的事情。格外需要留意的是，甚至一些看似微不足道的拒绝，都可能深深挫伤一些男人。例如，以为对方应当认识自己，却未被认出来；当教练挑选队员时，自己被最后一个选上；被一个女孩忽视等。这些都可能挫伤一些男人，并且这种情况随着年龄的增长会更加严重。

为了树立自信心，男性需要感到自己有能力胜任各种工作。此时，母亲应该利用自己的女性影响力，帮助儿子恰当地培养出我下面将要提到的一些品格，从而战胜那些令男人裹足不前的恐惧。

愤 怒

对于男性而言，愤怒可以唤醒一种生理兴奋感，使男人进入

戒备状态并高度警觉，它同时激发身体向外释放能量，以抵御外敌或者发起攻击。愤怒是人类长期进化而形成的一种保护机制，能产生一种生理学称之为“战斗或逃跑”的反应。男孩和男人常常将愤怒作为一种有力的武器，用以掩盖他们内心无能的感觉。我们常看到男性大发雷霆，实际上很多时候，那样的愤怒不过是内心的恐惧、伤痛和挫折感派生出来的，是给那些真实情感打掩护而已。你下回可以留意一下，当男孩明显地感到沮丧或伤心时，他表面上的反应往往是愤怒。

人体内唤醒愤怒的重要物质是肾上腺素，肾上腺素的涌动以及它所产生的兴奋感会使一些男性成瘾。所以，年轻男性应该学会如何应付和控制自己的怒火。为此，他们必须学会辨别愤怒的原因，继而学会自己做出决定，采用何种方式去应对愤怒。

男性在理解感情方面并不擅长，在处理感情问题时也会感到极不自在。对于男性而言，情绪常常过于激动而无法控制，这就是为什么许多男人始终紧闭感情的闸门。因为一旦释放出来，他很难对其进行控制，常常造成不可收拾的局面。但是有一种情绪，男人应付起来相对自如一些，这就是愤怒。对于许多男人来讲，愤怒可算是老朋友了，在各种各样的场合，他都“招呼”它过来。不过，像所有激烈的情绪一样，愤怒的使用可以是建设性的，也可能是破坏性的。举个例子，愤怒能极大地破坏人们之间的关系，毕竟，愤怒同危险只是一步之遥。君不见男人的雷霆之怒对妇女和儿童有多么大的伤害，愤怒常常导致情感、心理，甚至肉体上的虐待。

另一方面，愤怒可以被疏导到积极的方面，可以唤醒一个男人的勇气去取得平日难以想象的成就。在遭人胁迫或战况胶着时，愤怒能够激起男人坚忍不拔、拼搏到底的精神。有许多次，一个男孩能完成一项困难的任务，是由于别人对他的轻视激起了他的怒火。当受到取笑时，许多男孩用愤怒调动起自己的潜能，通过出色地完成任务来回击冒犯者的挑衅。教练们常用的一种方法，便是激起小伙子们的怒火，从而在比赛中得以超水平发挥。事实上，许多男人（包括我自己在内）被长辈的轻视所激怒，才鼓足干劲、历尽艰难地在生活中取得成功。在战场上，武士们常用对敌人的愤怒来激发自己的斗志，以取得战斗的胜利。甚至发生在学校操场上的一场打斗，此类招数也屡见不鲜。

无论如何，愤怒是男性最为熟悉的情绪，并且他们常常用此来掩饰其他情绪，比如恐惧、焦虑、软弱、耻辱。请记住，对于多数男性来讲，暴露自己的弱点会置自己于不利的地位，使自己变得软弱可欺，成为被攻击的靶子。而愤怒可以对抗他人的攻击，甚至成为进行反击的武器，那些极度愤怒的男孩很少遭到欺负。

为了不暴露自己的软弱，许多男人本能而自觉地用愤怒来掩盖自己的情感，甚至连疼痛（无论身体上还是心理上的疼痛）都可以被愤怒掩盖。你是否注意过，当男人使用锤子时不小心砸了手，他会如何反应。他不会哭喊，而是好像气疯了一样。当面对感情危机时，多数男人不会郁郁寡欢或者歇斯底里，而往往是发怒。因为愤怒是一种保护机制，可以保护他脆弱的自我，免受无能、无用等情绪的打击。

有时，愤怒甚至还被有意识地使用。我是在一个酗酒和虐待成性的家庭里长大的，我清楚地记得，大概 12 岁时我头一次发现:如果我发起火来，那种恐惧带来的羞辱感就不再出现了。于是，用儿童特有的天真方式，我告诉自己:“这太好了，我再也不用害

怕了！”不过，这种做法是愚蠢的，为此，我成年后很多时间里都是怒气冲冲。我发怒是因为我害怕，我害怕是因为从没有一个积极的男性榜样来向我展示一个男人该如何生活，该如何以健康的态度对待困难。

男人该怎样做？男人在生活中担任怎样的角色？男人如何才能胜任他的职责？如果年轻人从未学过这些，他一定会经常发怒。他对生活发怒，对世界发怒。当无能带来的耻辱感深深刺痛他时，他甚至肆意地向周围的人发泄怒火，希望转嫁自己可能受到的伤害。

爱

爱是由快乐和信任他人组成的。对于男人而言，信任他人则意味着将自己处于不设防的地位。爱和维持亲密关系要求男人自愿将自己的门户大开，但这却是违背男人天性的。尽管随着男孩的长大，他将自然而然地学会爱自己的母亲，但他仍然不懂得如何将这种感情转移出来，去爱母亲以外的人。男孩需要随生活中的榜样去学习怎样爱，他需要真正理解爱的含义。由于利用视觉观察是大多数男性获得知识的首要方法，因此，让男孩观察身边的人如何相爱，是教会他的最好方法。

在相亲相爱方面，父母对于男孩的榜样力量是巨大的。那些来自恩爱家庭的青年常常谈论起，在他们成家立业和确立信仰与价值观的过程中，他们出身的家庭作为榜样和力量的源泉，对他们的帮助难以估量。而对那些来自离异家庭的年轻人来讲，父母离异造成的创痛始终难以忘怀。

作为榜样，父亲向孩子展现一个男人应该如何去爱一个女人，母亲则向孩子展现一个女人如何回应男人的爱意。对于多数男人而言，去爱一个女人并不是一件自然而然发生的事情，而是需要从生活中学习。关于这一点，通过观察你就能够清楚。看看从缺失恩爱的家里长大的男人常常是怎样对待他的妻子（或者同居的女人）的，再比较一下恩爱家庭出身的男人的做法，他们之间有怎样的不同。

例如，一个从恩爱家庭长大的男孩会知道，为了家庭做出牺牲是非常有意义的；而来自问题家庭的孩子往往会自然地关注自己的需求和利益。有积极的成年男子做榜样，男孩才能学会有理智地去爱，即爱是一种决定而非一时冲动所致。他会懂得那些爱的举动会在内心产生爱的感觉，他会知道真正的爱虽经磨难也不会随时光而褪色，他还会知道即使是长期相爱的关系，也不免会经历起起伏伏的考验。那些没有受到这些教育的男孩则不会懂得，爱的天性便是牺牲，他们也不会体会到由于付出爱而得到爱的巨大满足。

在日常生活里，为他人的利益做出牺牲不是男性天生具有的品质（尽管男人为了打仗不惜送命），通常，利己才是男人的本能。我知道，女性总是努力在男人身上（特别是自己儿子身上）寻找那些令人敬佩的美德，但往往发现那些天生具有爱心、善心、柔情和同情心的男性非常稀少，至少在那些未被女性化的男人身上是少见的。

男性通过模仿他人而学会如何爱一个女人，同样，男孩通过模仿来学会如何领导一个家庭。男孩会以为，父亲给予母亲何种

程度的尊重，便是女性应该得到的尊重。尊重女性在家庭中的价值，是又一处父亲应该给男孩做榜样的地方。还有，用女性需要的方式去珍视和爱慕她们，而不是仅仅只用自己喜欢的方式，在这里，父亲的榜样作用也是无可替代的。父亲还可以教孩子学会珍视女性的豆腐心而忽略她们的刀子嘴。另外，或许父亲能传授给儿子的最重要的一课，是如何承认错误、做出道歉并请求原谅，对于多数男性来讲，这都是一件艰难的事情。

最后，我们的世界需要更多的爱，特别需要男人能够落落大方、毫不扭捏地去爱他人。当男人能够如此时，他的生活和周围的世界都会变得更加美好。也许被爱（被父母、祖父母、兄弟、亲属和朋友爱）可以教会男孩如何去爱他人，这些类型的爱（母子之爱与爷孙之爱是不同的）教会孩子从不同的角度和立场去观察爱，并给了他全身心去爱的能力，而不是时刻心怀戒备，提防可能的伤害和拒绝。我们面临的挑战是，找到办法给予孩子成长所必需的爱，使他成为一个充满安全感、敢于去爱的男人。

攻击性

多数男性对某种形式的攻击性都习以为常。攻击性通常与一定的愤怒成分相联系，我们前面曾提到睾酮激素对男性身体和心理的影响，知道了它的活跃如何导致了男性的攻击行为。另外，我们还从前面的章节里知道，表露出攻击性常常是受到伤害和缺乏安全感的男孩采取的一种保护措施。

像所有的情绪一样，攻击性也有好坏之分。太多的攻击性是危险的，令人的情绪变化无常；攻击性过少则令男人消极被动、无精打采；受到压抑的攻击性可能转变成被动攻击行为，一旦忍不住爆发出来，会对自身、家庭以及熟人造成很多的破坏；不受控制的攻击性则会导致杀戮和毁坏文明。

多数男性生来就比女性更富于攻击性。在那些喜欢冒险、不惜受伤的男孩身上，我们可以找到攻击性的踪影；在那些为了施展抱负、不惧财务和职业风险的男人身上，我们也能看到攻击性的影子。攻击性是男性生就的防护机制的一个组成部分。

在此，我们遇到的挑战是，如何将男孩培育成一个攻击性不多不少、恰如其分的男人。拥有健康程度的攻击性可以在精神上提升男人，让他成为家庭和社会的领导，让他庇佑弱者。

延伸思考

※ 男人身上最常见的是哪些情绪？为什么会如此常见？

※ 为什么许多男性都是怒气冲冲的？

※ 你是否注意过你儿子利用愤怒去掩盖其他的情绪（诸如恐惧、伤痛、软弱或焦虑）？

※ 为什么教男孩如何去爱非常重要？

Chapter 7

危险：猛兽出没之地

Dangers:
There Be Dragons

养育青春期男孩，就好像航行在未知的水域或者在荒野里摸索一般，危险看起来无处不在，如同匿伏的野兽，随时可能一跃而起，将我们的儿子吞噬。

我就观看，见有一匹灰色马；骑在马上的，名字叫作死，阴府也随着他。

——《圣经·启示录》6章8节

在古代，当地图绘制师遇到人类未曾涉足的地方，他就会简单地写上“此处为猛兽出没之地”，以此警告人们，在前方未知的土地上，存在着极大的危险。与此相似，养育青春期男孩，就好像航行在未知的水域或者在荒野里摸索一般，危险看起来无处不在，如同匿伏的野兽，随时可能一跃而起，将我们的儿子吞噬。事实上，许多危险之地，我们的孩子都可能会不明智地走入，就像走入流沙当中，瞬间便被淹没。

以下是一些你要小心提防的“猛兽”。

危险时期

青春期对于男孩是一个危险的时期。迈克尔·古里安曾写道：

“我们的文化已向男人和男孩宣战。它摧残年轻男子，蔑视他们，它对男性正常的恐惧大惊小怪，它对普通的阳刚之气也反应过敏，它无视任何需苦练方能具备的男子气概。总之，我们活在一个对男性不甚友好的时代。”[1]

心理学家们极力鼓吹，绝大多数的男孩都出了问题，我们正在养育一代失常、闷闷不乐的男孩。威廉姆·波洛克（William Pollock）在他的畅销书《真正的男孩：从男孩时代的神话中拯救男孩》(*Real Boys: Rescuing Our Sons from the Myths of Boyhood*) 中写道:“如今的男孩问题重重，即使很多看起来正常、行为得当的男孩也不能例外。社会传达的混乱信息令男孩迷惑，他们不知道社会需要怎样的男孩和怎样的男人，许多男孩感到悲伤和难以名状的失落。最新的研究显示，男孩在学校的表现不及以往，也比不过女孩，许多男孩的自尊心相当脆弱，男孩中抑郁症和自杀的发生率都骇人听闻地增加了。许多男孩正陷于令人绝望的危机当中。”[2]

以上这些仅是心理上的问题，其实男孩还处在更实在的危险当中。抽样调查显示，大约 40% 的青春期男孩提到，他们认识的某个同龄人在过去 5 年里遭遇过枪击;有大约 20% 的各种暴力犯罪，是针对 18 岁以下男孩的。[3]

男孩（特别是那些无人训练或督导的男孩）面临着许多不利因素和健康威胁，其中部分原因是他们在荷尔蒙驱动下所具有的天然攻击性。与女孩相比，男孩更易表现出如下问题:

- 诊断为多动症（ADHD）的人数，男孩高出女孩 4~5 倍;[4]
- 在所有未成年人凶杀案中，男孩占作案人数的 95%;[5]

- 男孩自杀的倾向高于女孩 4 倍；[6]
- 有学习障碍的男孩是女孩的 6 倍；
- 男孩染上毒瘾的可能性比女孩大 3 倍；
- 男孩死于车祸的风险大于 50%；
- 接受戒毒治疗的少年中 95% 是男孩，未成年法庭审理的案件中有 95% 涉及男孩。[7]

在学校，学生间的欺凌也越来越变成一个大问题。美国心理协会估计，在 4~8 年级的学生中，受到某种程度欺凌的学生比例到了令人震惊的 90%。孩子们常遭到多种形式的欺凌，其方式也不仅限于身体上的推撞、击打等。互联网和社交网站给欺凌者提供了无限的机会，以不留痕迹地虐待受害者。这种“数字化欺凌”，比如通过电子媒介散播谎言与污蔑，可能比身体的虐待更具有毁灭性。很多孩子害怕自己的同学知道他在虚拟世界里遭人欺辱——这个虚拟世界包括社交网站、短信、电子邮件、博客、电话和聊天室，等等。报纸上有连篇累牍的报道提到不堪同伴欺凌的孩子（甚至成人）自寻短见，甚至为此创造了一个名词：欺凌自杀。[8]

《再无虔诚好男人》（*No More Christian Nice Guy*）一书的作者保罗·库格林写道：“一项全国性的调查显现，至少有三分之一的青少年在网上遭遇过辱骂、威胁和羞辱。仅伊利诺伊一个州，调查者估计就有 50 万儿童成为网络欺凌的受害者，其中 10% 受到了身体伤害的威胁。甚至已出现了一些软件，允许使用者冒充他人发送邮件和短信。由于没有可靠的方法去追踪造谣者，因此网络上的欺凌更加显得恶意十足。”[9]

欺凌行为也应为过去10年的校园枪击案负部分责任。那些心怀自卑的男孩，得不到家庭的关爱，处处被同伴和媒体无情欺凌，直到满腔的愤懑和怒火发作，最后一失足而成千古恨。

使一切变得更加复杂的是，如今的许多青年男子在生活中既不成熟又漫无目标。部分的原因可能是，在这些青年的成长过程中，周围人对他们的期望过低，再加上年轻一代养成的任意索取的态度，认为自己理应有一个舒适的生活。这些造成了许多后果，其中之一便是最近人们街谈巷议的“啃老族”现象——年轻人直到30岁还不肯离开父母独立生活。

越来越多的男孩完全由女性养大，这给他们日后的生活在很多层面上带来了麻烦。在我们举办的“单身母亲夏令营”里，曾来过一个家境贫寒的十几岁男孩，他的家庭成员有他的姐妹、母亲、外婆、曾外婆，而他是家里唯一的男性，甚至连家中养的宠物都是只母狗。当他走进住宿的小木屋时，对他母亲说道：“瞧呀，这是我俩的房子！”显然他为能够躲开那么多的女性感到轻松。单身母亲特别愿意同其他单身母亲待在一起，因为她们能理解彼此的艰辛。她们的儿子所上的学校往往也全都是女性教师，甚至连教练都是女的。这些男孩面临着很大的挑战，他很难理解男性的世界观，因为他们被女性包围，能够学习到的都是女性的世界观和对待生活的反应。我不是说女性化的方式有什么不好，事实上，它非常好。但好事太多也成了问题，这些男孩受到了太多的女性影响，却没有男性榜样来矫正这种失衡。于是，我们如今看到了那么多的男人，一遇到麻烦便指望女人来照顾和救助他。

我知道，一代不如一代的观点总是非常流行，不过在我看来，目前这代青年比以往任何一代都滑落得更快。所有的事情都发生

在我们眼皮底下，由于缺少男性的领导，传统价值观的衰落不但被允许，而且还常常被鼓励。政治上的再教育运动造成了许多社会变革，对青年的影响尤为巨大，比如缺乏责任感的行为被鼓励，及时行乐的观念四处泛滥，不尊重权威的思潮被倡导，缺少诚信成了家常便饭，甚至对国家不敬都成了流行时尚。看起来，我们社会的普世价值和努力工作的信念，好像已被不劳而获的观念所取代。带着这样一套思想，一个青年是很难获得成功的。

对男孩开战

在过去的三四十年里，一直或明或暗地存在针对男孩和男性特征的攻击。激进的女权主义者们宣称，男孩实际上都受到了睾酮激素的毒害，他们那些正常的男性行为都被贴上了控制和虐待女性的标签。正如《内心狂野》（*Wild At Heart*）一书的作者约翰·埃尔德雷奇（John Eldredge）所言:“为我们社会广泛接受的看法是，男孩的攻击天性是遗传下来的恶习，我们必须加以改良，使他们的行为更接近于女孩那样。”[10]

一些知名心理学家，例如玛丽·皮弗（Mary Pipher），在她的作品《复活奥菲利亚》（*Reviving Ophelia*）中似乎暗示：女孩在生活中的所有不利局面，都是由于男孩的过错造成的。她的书极大地影响了整整一代教育工作者和政策制定者。

美国企业研究所专职学者克里斯蒂娜·霍夫·萨默斯（Christina Hoff Sommers）以对当代女权主义的批判而知名，她写道:“对于美国男孩来讲，这是个糟糕的时代。在新千年开始之际，美国女足振奋人心的胜利成为美国姑娘精神的象征；而与此同时，发生在男孩身上的标志性事件，却是哥伦拜恩中学的枪击案。”[11]她继续谈道，媒体和女权主义者已经将男孩描绘成了社会的害群之马以及种种弊端的罪魁祸首，许多利益团体极力鼓吹的最终解决之道是，必须通过在公立学校和其他相应机构推进社会工程项目，以根绝男孩身上天然的男子化行为。

我们的社会对男孩和年轻男子怀有最大的怀疑态度和恐惧心理。由于总被误解，他们无法培育出正常的自尊心来，导致他们要么畏缩不前，要么不胜挫折而爆发。

我们的文化已在多条战线上对男性特征宣战。例如，几乎所有的电视节目、广告和电影都以反面手法描绘男人，男人要么被描绘成施虐成性的疯子，要么被说成是昏聩无能的白痴。而且这些描绘往往披着幽默的外衣，使之从心理和社会认同上都能为大众所接受。诚然，其中的一些批判是中肯的，但我担心的是，有大量的青少年，他们在成长的过程中，根本没有接触过积极的男性，他们将如何抵消这些宣传造成的影响？既然媒体对孩子们具有巨大的影响力，那么这些年轻人对男人、丈夫和父亲将会有怎样的设想？他们将扮演什么样的角色？男孩对自己做何感想？女孩将喜欢何种类型的男孩？

由于文化的变迁，男人的角色也在不断演化，而如今，男人对于社会对他们的期望感到迷惑。坦率地讲，女权运动在带来了许多急需的变化的同时，也摧毁了传统的男性形象，却又无力提供新的偶像以替换之，它们直接或间接地在一代青年中，妖魔化了许多真正的男子气行为。

男性从媒体、教会、左右各派政治势力、政府甚至教育系统

中，接收到了各种矛盾的信息。我们已经产生了整整一代毫无榜样指引的男人，如果他们的儿子也如此长大，那会发生什么呢?

文化影响

作为一种文化（以及作为父母），我们面临的最大挑战是，如何为一代青年树立一种健康的男子气概，并以此来激发他们的成长。遗憾的是，社会对于向男孩宣传更高贵的男子汉形象不甚积极。

如今，青少年面临的挑战是你我无法想象的。他们整天受到唯利是图的广告和媒体的狂轰滥炸，极度渴望得到事实的真相；他们想明辨是非，渴盼有人能向他们展示：生活能够美好、健康、充满乐趣，婚姻能够天长地久，人间真爱确实存在；他们想确知善与恶是真的存在，与人们是否相信它的存在无关。

的确，他们有时悲观厌世、玩世不恭，但在内心里，他们渴望纪律和教导。他们的成长过程中充斥着电子游戏，这些游戏教给他们如何计划和实施谋杀，如何嫖妓，如何偷车和枪战。他们没完没了地看电视，而电视教给他们满足欲望是通往幸福之路。他们的天真无邪，为世俗文化的贪婪所扼杀。在这个物欲横流的世界里，男孩格外面临风险。年轻男子是国家的希望所在，但他们正在难以自拔的桎梏中丧失自己的男子气概。

事实上，有数以百万计的青年男子正在沉沦，他们辍学，不再去教堂，沉溺于色情画片或毒品，离家出走形成团伙。如果我们想要培养一代青年，使他们成为家庭和社会的领袖以及正义与公正的卫士，我们必须首先教给男孩：做一个真正的男人意味着什么！长久以来，社会不断调低男人的标准，通过不断的批判和取笑，我们教给男孩的是：男人毫无价值，女性的价值也仅是可以满足性欲，而且丈夫和父亲都不重要。

然而，我们其实应该教给男孩另外一些东西。我们应该让男孩知道，他们肩负着上天给予的特殊责任和使命；我们应该帮助他们去珍视男人的天赋，而不是轻视它们；我们应该在他们感到困难的领域多行鼓励，在他们擅长的地方尽心栽培。

青春期男孩特别容易受到不健康文化的影响。例如，男孩都会为电子游戏吸引，因为那里充满了动作、竞争，并需要手眼协调的能力；但这些游戏又常常导致他们的沉沦，导致他们缺乏体育活动，导致他们对暴力习以为常，导致他们注意力持续时间变短，而为了集中注意力又不得不加大刺激的强度。

不健康的影响

处于青春期，同伴在孩子的生活中变得越来越重要。青春期孩子的想法、行为以及感受，都受到朋友的巨大影响。这些影响有时是好的，但有时也很糟糕。由于受到不良朋友的影响，许多良家青年走上了堕落的道路。

在抚养孩子的过程中，我们家的电脑上都印有这样一句话：“让我了解你的朋友，我将让你预知自己的未来。”这句警言对我的孩子选择什么样的朋友，可能没有起到什么作用，但它传达的见解却是准确的。

作为父母（即使是比较大孩子的父母），我有责任保护孩子免遭不健康因素的影响。许多父母认为，成人干涉孩子的友谊是侵害了孩子的权利，但假如我们的孩子与恋童狂或毒贩子搅到了一起，我们一定会毫不犹豫地采取行动。其实，就影响的程度而言，二者之间没有太大的区别。

当我女儿十几岁时，她总有充当救助者的愿望。她总是选那些没有父亲或没有母亲的问题少年交友，试图对他们的生活起到好的影响。尽管她的同情心和愿望值得大加赞赏，但假如没有父母的参与，她经常置身其中的环境和形势，可能会带给她灾难。

当今文化中的某些不健康因素，也会混淆你儿子的思想。行为科学家兰道尔·伊顿（Randall Eaton）博士认为："现今的流行音乐充满了痛苦的尖叫、憎恨、绝望、自怜、放任、孤独和自戕。"[12]电影和电视宣扬不负责任、不计后果地放纵欲望。那些大众偶像，比如职业运动员、歌星、影星们，很多人行为不检点，并频频卷入犯罪活动；广告商无所不用其极地向青年灌输享乐主义和自我迷恋的思想；色情音像锁定青年男子作为终身的顾客；贩毒者以及赌博业，都瞄准青年男人的弱点而大发其财。

教育

对孩子教育失当等于丢弃了那个孩子。

——约翰·肯尼迪

如今，男孩面临的困境是巨大的。在教育上，男孩已滑落到了需加以警惕的地步。男孩的阅读和写作成绩非常差，辍学率也远远高于女孩。只有 64%（非裔美国人只有 50%）的男孩能够高中毕业，[13] 上大学的男孩越来越少。2001 年，大学注册的学生中，44% 为男性，56% 为女性。[14] 根据美国教育部的估计，这种女性占大学生比例越来越高的趋势还将继续，到 2013 年，差距将再扩大 6%。[15] 这意味着几年以后，每 10 个大学生里只有 3 个男孩，而研究生的比例甚至将更加悬殊。

迈克尔·古里安如此描绘青春期男孩在学校的困境：

> 青春期男孩被诊断出有学习障碍的人数是女孩的 2 倍，接受特殊教育的高中学生有三分之二是男孩，高中男孩的辍学率是女孩的 4 倍，男孩在年级垫底的可能性大很大。男孩的平均成绩比女孩差，大多数优秀毕业生都是女孩……阅读和写作成绩，男孩分别落后女孩 12 分和 17 分。美国教育部最近指出，在阅读和写作方面，男孩落后女孩达一年半。[16]

迈克尔·汤普森（Michael Thompson）博士是《养育凯恩》（*Raising Cain*）一书的作者，他提到："平均来讲，男孩对于学校的适应程度不如女孩。更多的男孩有注意力方面的问题，由于他们更加好动，因此更容易闯祸。男孩没有足够的机会去充分活动（无论在运动上还是学习上，都是如此），因为他们花了大量的时间坐在那里，而没有时间通过做事、造物和建筑来进行学习。"[17]

在读写方面，青春期男孩同女孩的差距让人不安。每年，我都要帮忙审查当地高中的报告，女孩的写作技能在所有方面都远远超过了男孩。

由于男孩在学校里面临许多挑战，他们常常选择逃学而不是留在学校里受罪，这是男性释放自己沮丧情绪的一种方法。目前的教育形式明显向着女性擅长的学习方式转变，这种方式是：长时间地静坐听讲，大量地阅读和理解（男性通常在这方面表现糟糕），以回答问题的方式进行口头交流，集体协作一起学习，写论文样式的报告。由于男孩无法久坐听讲，用语言表达自己的想法也存在困难，他们的读写能力较差，集中注意力时间较短，这些都使得男孩在学习上很快就落在了女孩的后面。男孩学会阅读的时间比女孩要晚，并且常常永远无法达到女孩那样的流畅程度。

如果在学业竞争中不断输给女孩，很多男孩便会罢手，不再尝试。如果想在学业上成功，男孩就必须快速地具备一些女性化的特征，因为作为一个男孩，除非具有女性那般的特长（比如语言能力），否则很难在学习中表现出色。但是，没有男孩愿意像一个女孩那样，也没有男孩能忍受当众出丑带来的羞辱（比如要求你大声朗读时，你结结巴巴；要求回答问题时，你讷讷地口不能言），于是男孩很快选择了逃避。那些敏感和举止有些女性化的男孩会被讥笑为娘娘腔，因此男孩不敢哭，也不能抱怨，他变得怒气冲冲并自我封闭；他把满腔怒火都投向了身边的不公平与不公正；他火气十足，随时准备大打出手。

学校令多数男孩感到枯燥而乏味，但男孩并非排斥教育本身。将他们置于充满挑战、竞争和刺激的环境里，再教给他们各种技巧，你会看到他们对学习是多么富有激情。我们在体育比赛和户外活动中看到过这种激情，在艺术教育中，如果施教得法、适合男孩的话，我们也能看到这种激情。即使是学那些所谓的传统科目，在合适的环境里，男性也能如鱼得水［参看电影《死亡诗社》

（*Dead Poet's Society*）或《皇家俱乐部》（*The Emperor's Club*）]。

我在辅导男性和女性时，用的是两种完全不同的教学方法。对于男性，我使用了大量的实例和影像资料，还经常休息，并让他们在屋里随意走动。我尽量多地运用录像片段，较少采取语言讲述。我还使用一些惊险刺激的武侠故事和冒险故事，让故事的主人公面临生死考验。并且在授课的过程中，我不允许有女性在场，因为她们的出现会改变整个课程的节奏，男性将不再能自如地敞开心扉；她们还会使男性不禁为之分神，而无法集中注意力。

如果你儿子在学校感到困难，我建议你找到帮助他成功的方法。试试找一个更富激情的教师，尽管在一个被女性化了的教育环境里，这样的老师非常难得（这种教育环境鼓励所有男性学生、教师和管理者都被动服从、温文尔雅）。在你儿子感到困难的地方给予他指导，找一些采用实例教学、需要单独操作的教学项目，采取反思性学习策略，并给孩子提供一个完全男性化的环境。

另外，还要考虑到教学的题材，男孩喜欢武侠、冒险、战争和英雄题材。如果采用了正确的方式，多数男孩都会乐于接受诗歌、音乐和文学名著。男孩似乎更善于在纯粹男性的环境里获得成功，男校学生的测验成绩和教学效果，要远远好于混合学校的男孩。在一项单一性别班级教学效果的全国调查中，混合班中有57%的女孩和37%的男孩通过了国家的作文考试；而在单一性别班中，分别有75%的女孩和86%的男孩过关。[18]

你还要鼓励自己的儿子更多地阅读，即使是漫画书或者体育统计表，也能提供阅读的机会。令人欣慰的是，男性都渴望能够享受阅读的乐趣，那些领导者往往都是真正喜欢读书的人。

如果放任男孩在现今的教育体系中继续失败下去，会带来严

许多危险之地，我们的孩子都可能会不明智地走入，就像走入流沙当中，瞬间便被淹没。

重的后果，会出现越来越多愤懑、绝望和心怀不满的男青年，他们对社会是一个威胁，甚至是一股毁灭性的力量。

毒品和酒精

滥用毒品和酒精是现今青年人面临的一个巨大威胁。14 岁的时候，35% 的孩子在某种程度上接触过毒品；等到高中毕业，50% 的学生至少尝试过一种毒品。那些 15 岁前接触过毒品的年轻人，很可能终生成瘾。[19]

除了传统的毒品如大麻、可卡因、摇头丸、海洛因以及酒精外，孩子们还在滥用其他的药物。服用大剂量含有右美沙芬（DXM）的咳嗽糖浆可以产生视幻觉。哈芬是一种可吸入剂，常用于喷漆（金色和银色漆）、胶水、皮鞋上光剂、汽油或轻质液体、各种溶剂、去油剂和清洁剂中。2000 年，有超过 200 万的 12~17 岁青少年至少使用过一次可吸入剂。“药物聚会”变得日渐流行，成群的学生把从家里翻箱倒柜搜来的药品全放在一个大碗里，然后所有参加者成把地吃下这些药品，等着看会发生什么情况。[20]

冰毒是一种高致瘾性药物，可以很方便地从家用化学品中制得。冰毒可以使大脑释放多巴胺和去甲肾上腺素，产生强烈的快感。它还使服用者偏执、焦虑、富于攻击性，并使他们感到大权在握和高人一等。但是滥用冰毒会带来严重的健康问题，包括俗称“冰毒口”的牙齿大量脱落、皮肤上出现脓疮等。冰毒成瘾是一种最难治愈的成瘾症，许多犯罪行为都与滥用冰毒有关。[21]

青春期少年常用的毒品

- 大麻是青少年最常使用的毒品，因为它非常容易获得。事实上，90% 的高中高年级学生都宣称可以毫不费劲地得到大麻，接近 40% 的 10~12 年级的学生吸食过大麻。吸食大麻的青春期少年很容易诱发滥用其他毒品（如海洛因、可卡因）。
- 摇头丸也是一种在青少年聚会时非常流行的毒品。过去几年里，青少年使用摇头丸的比例一直在增加。以 2000 年为例，8 年级学生中，每 30 人里有 1 人服用摇头丸；而到了 12 年级，这一比例上升为每 12 人里就有 1 人。
- 海洛因主要通过静脉注射进入体内，但也可以通过吸食的方式。虽然 8 年级学生使用该毒品的人数呈下降趋势，但 12 年级吸食海洛因的人数却在增加。
- 可卡因的滥用，在几乎一个世纪里，是美国最严重的毒品问题。根据国家毒品问题研究所 2001 年的报告，5% 的 12 年级学生在 2000 年使用过可卡因。[22]

那些来自单亲家庭的孩子，特别容易滥用毒品和酒精。药品滥用与精神健康服务管理委员会在其报告《家庭结构与青春期毒品滥用的关系》（*The Relationship between Family Structure and Adolescent Substance Use*）中指出，无论年龄、性别、家庭收入、种族情况如何，那些单亲的青春期少年比双亲抚养的同龄少年多 50%~150% 的可能性使用毒品、毒品依赖或者需要进行戒毒治疗。[23] 在单亲家庭长大的儿童，青春期使用毒品的风险显著增加。[24]政府调查显示，没有父亲的儿童，其滥用酒精毒品、精神疾患、自杀、教育不良、未婚早孕、犯罪的概率，都将极大地增加。[25]

那些来自单身父亲家庭的孩子，其表现往往更为糟糕。一项有关毒品滥用的全国调查，从12~17岁孩子中抽取了22237个调查对象，在排除偏倚之后发现，那些来自母亲与继父家庭的孩子和单身母亲家庭的孩子使用毒品的概率比正常家庭的孩子高1.5~2倍，而来自单身父亲家庭的孩子和父亲与继母家庭的孩子使用毒品的概率比正常家庭的孩子高2.5倍。[26]

犯 罪

我经常周游全国与监狱里的犯人谈话，从俄勒冈到阿拉斯加，我在普通监狱和重犯监狱里都做过演讲。最近一次，我在维京岛的一所监狱里，同关在那里的父亲和儿子们进行了交谈。

所有这些在监狱里的男人们都有一个共同点：他们不想在监狱里终老一生。他们中的绝大多数人没有父亲或是其他健康的男性榜样，很多人回望他们的生活后指出，他们在家里缺少纪律和适当的行为约束。他们中的许多人曾是被虐待或被忽视的儿童，他们缺少教育和心灵的培育。监狱在押犯的教育水平远远低于大众的平均水平，60%的在押犯几乎是文盲。[27]

大多数监狱的罪犯是年轻男子。美国罪犯的平均年龄是18~35岁之间，男性同女性的比率是10∶1。从1972年到2000年期间，暴力犯罪增加了82%；在2001年，有近60万低于25岁的男青年，

处于某种程度的监管之下。[28]

根据美国司法部的统计，2003 年，有超过 200 万 18 岁以下的青少年因犯法而被拘捕过，其中有 9.2 万人其违法行为被认为有暴力性质，其他 400 万起拘捕中，实施犯罪者绝大多数为 18~24 岁之间的男性。[29]

没有父亲的养育或者缺少成年男性的指导，极大地增加了男孩犯罪的风险。那些在破碎家庭中长大的男孩，进监狱的可能性大于普通男孩 2 倍。与父亲的分离每增加一年，便使男孩增加 5% 的犯罪概率。未婚母亲养大的男孩相较于双亲家庭的孩子，其坐牢的概率增加了 2.5 倍。[30]

我并不想为那些犯下可怕罪行的男人开脱，但任何孩子如果处于不利的生长环境，都会极大增加犯罪的可能性。与我交谈的许多犯人原本并不想犯罪，但都难免牢狱之灾，他们中大多数人的父亲或祖父都有过犯罪记录。在监狱服刑的男人的儿子进监狱的可能性会比普通男孩大上 7 倍，而所有狱中的男人听到这样的统计数据，都不免大吃一惊。

当男孩感到毫无希望获得成功时，他就会比较容易地采用犯罪的方式来获取所需。同时，那些受坏榜样影响的男孩，也很容易亦步亦趋地走向监狱。

暴 力

越来越多的青年男性，正采用暴力的方式，来发泄他们的愤怒和不满情绪。他们中的很多人感到愤懑，原因是社会不能很好地吸引和调动他们，或者给他们的挑战性不足。他们中的另一些人是由于缺少积极的成年男性的指导，导致他们产生受到抛弃后的焦虑。当然，还有一些人是不适应现今女性化的教育体制，由此产生了无望、挫折和愤怒。由于没有人指导他们如何合理疏导焦虑情绪，也没有足够的情感和语言技巧来表达自己的心情，许多男孩便向外发泄，希望通过不自觉地伤害他人以缓解自己的痛苦。他们可能自身就饱受欺侮和攻击，当积累的压力超过一个临界点时，他们便爆发了出来，用毁灭性的方式向曾伤害他们的人讨回公道。

少年暴力行为的发生很少是出于具体的原因，往往是多种原因的累积造成的。菲尔·查莫斯（Phil Chalmers）在他的《一个少年杀手的内心世界》（*Inside the Mind of a Teen Killer*）一书中，讨论了10种导致青少年暴力行为的原因，以下是他列出的四种主要因素：一是在家庭遭受虐待和欺凌；二是暴力娱乐和色情影像；三是抑郁、愤怒和自杀倾向；四是毒品和酒精滥用。[31] 想象一下，一个来自破碎家庭的男孩，他敏感、自我封闭，每天花大量时间玩充满暴力的电子游戏；他在学校不断受到欺凌，于是开始服药，把许多不同的药混在一块吃下去。你能猜到接下去的结局吧！这是一个活生生的因不胜其辱而大打出手的青年男子的形象。

查莫斯相信，即使不是唯一的原因，但观看暴力影视和玩暴力内容的电子游戏，是青少年暴力犯罪最大的诱因。最近，查莫斯对警务人员做有关青少年凶杀案方面的培训，他在书中谈道，男孩们接触了太多宣扬暴力的媒体（如电影、电视、电子游戏、音乐等），他们对暴力已变得麻木了。他写道："暴力和色情娱乐对青少年的毒害程度，大大超过了许多人愿意承认的范围。从很小年纪起，我们的孩子便被暴力和色情影像‘轰炸’，这给他们造成了非常危险的后果。”[32]从重金属乐队、说唱组合和摇滚歌手嘴里，常能听到充满暴力的歌词，同样充满破坏性的力量。许多实施暴力犯罪的年轻犯人都认为，他们听的音乐对自己的行为有巨大影响。美国心理协会公布的一项调查显示，听暴力内容歌曲的大学生，更容易参与攻击性行为，也更容易产生愤怒的想法。另外，美国儿科学会证实，流行音乐能增加抑郁、自杀和凶杀行为的风险。[33]当然，这并不意味着你需要走极端，你不必把所有的电子游戏都拒之门外。像其他许多事情一样，对游戏中暴力程度的看法是因人而异的，男孩和他的母亲肯定持有不同的标准。通过游戏，人们可以学习全盘规划的能力和解决问题的能力，提高手眼协调能力、运动能力和空间感，还可以学到很多计算机知识。许多工业岗位和军事职位需要的工作技能，往往是男性从玩电子游戏中获得的。一些游戏中的爆炸、毁坏、恐慌的确很有趣，但炸毁行星和宇宙飞船是一回事，拿剑砍动漫人物的头或用锯子去肢解他们，则完全是不同的另一件事情。

由于无人加以正确引导，城市中的无良少年往往搭帮结伙，他们创立出一套帮规，对其他男青年实施暴行，甚至杀戮。其实，这些男孩都特别看重名誉和荣誉，在没有指导和训练的情况下，他们在尝试着定义自己的男子气概标准。但事实是，他们的行为根本算不上勇敢，从飞驰的汽车上向无辜的人群扫射，并不需要多少胆量。相反，暴力行为表达出来的是，他们对无望的生活感到愤懑和羞惭。那些没学过如何成功的男孩，更容易用愤怒和暴力去发泄他们的绝望。

* * * * *

生活中有许多陷阱都能毁掉男孩的美好前程，而男人和父亲们是解决（或造成）几乎所有社会问题的关键。假如男孩在少年时代不被带离危险之地，他们将会给自己和其他许多人带来灾难。作为母亲，你的影响力可以帮助儿子识别和绕开这些陷阱。

延伸思考

※ 如今，青春期男孩面临什么样的危险?

※ 今天，青年男性正面临怎样的文化影响?

※ 上学对你儿子是个挑战吗? 如果是，你能用什么办法来帮他在学校取得成功?

※ 考虑到在中学很容易获得违禁品，你如何教孩子了解它们的危害? 作为父母，你觉得了解有关毒品滥用方面的知识重要吗?

Chapter 8

发展健康的性行为

Developing a Healthy Sexuality

雄性的动物和鸟类有鲜艳的羽毛，通过奇异的舞蹈或其他形式来吸引异性。男青年吸引异性的方法是冒险行为、疯狂飙车和其他不顾死活的表演。

一个女人要花20年才能使自己的儿子变成男人，而另一个女人只用20分钟就能把他变成傻瓜。

——海伦·洛兰德（Helen Rowland）

你的儿子正处于情窦初开的年纪。事实上，他的性行为如何，会在很大程度上决定他日后是怎样一个人。渴望繁殖后代是人的生物本能，当儿童进入青春期后，生理愿望变得极端强烈，控制或者影响了青春期少年的许多思想和行为。

更高水平的睾酮激素影响着男性的身体和心理，使他们比女性有更强的性冲动。你儿子会对性方面的事情饶有兴趣。不过，回忆一下你自己的青春期时光，难道他同你自己的感受有什么不同吗？（为什么我们总认为孩子要同我们当年不同呢？今日的孩子，如果有什么不同的话，便是他们比上一代更加世俗、更为世故而已。）

在拙著《那是我的儿子》中，我专门写了关于男孩临近性行为的一些内容。你可以在那本书的《男孩和性》一章中读到一些对你可能大有帮助的内容。本章中的论述也是建立在那些章节的基础上的。对于青春期男孩，以下关于他们性行为的话题需要你格外留意。

女孩，女孩，女孩！

等到你儿子进入青春期，他就开始对女性更加留意了。他格外留意周围的年轻女性，开始知道自己的言谈举止将影响女性对自己的看法，他对此非常警觉，对女性如何评价自己高度敏感。他不由自主地会去做那些吸引女性注意力的事情，我们往往称之为卖弄，其实这是再自然不过的吸引异性的天性。雄性的动物和鸟类有鲜艳的羽毛，通过奇异的舞蹈或其他形式来吸引异性。男青年吸引异性的方法是冒险行为、疯狂飙车和其他不顾死活的表演。由于几乎所有雄性动物在哺育后代时，都不会像雌性动物那般尽责，因此雄性会尽力吸引更多的雌性，以保证自己的血脉得以延续。在择偶上，雌性倾向于精挑细选，这意味着雄性要花很大的能量来获得更多的候选机会。因此我们看到，小伙子为了吸引姑娘的注意，会做出许多挑逗、危险甚至疯狂的举动来。

尽管表面上虚张声势，其实男孩在内心对女孩怕得要命，并对女孩的魔力感到迷惑不解。从荷尔蒙在他们体内涌动的第一时刻起，他们由于毫无经验，便对身边的女性感到极端胆怯，再加上女性的身体成熟较早，语言能力又强，对身体和情绪的把握也更在行，这些都使得男性更加怯懦。当然，大多数男孩为了掩盖自己的无能，会表现得过于咄咄逼人和信心十足。男孩的世界要求他们表现得老练、无畏和没有弱点，特别是在女孩面前。

男孩和女孩在成熟时间上有明显的差别。一直到青春期将近结束时，女孩通常在身体上比男孩要早成熟两年。因此，至少在初中和高中早期，你儿子身边的女孩在身体和心理上都要比他成熟许多。如果没有你通过坦率的沟通进行的指导，你儿子很可能对女孩行事的方式和原因感到困惑不解。不幸的是，由于同伴压力和男孩的天性，男孩无法抗拒女性的进攻。一个更富攻击性的女孩，可以吓倒一个身体和情感都不及自己成熟的男孩。许多年轻女孩愿意“玩弄”男孩，以施展和练习自己的力量。对女孩来讲，发现自己有如此能力摆布男孩，是一件令人兴奋的事情。

由于男孩对女性的吸引和诱惑感到激动与兴奋，做母亲的就更需要指导和培训男孩懂得哪些女性的性行为是健康的。如果母亲自己正经历身体、精神和情感上的痛苦折磨，她可能会发现很难给儿子以正确的指导。经常见到的是，一个男孩的初次性行为，是与一个曾遭受男人虐待、伤害或遗弃的女孩发生的，这些女孩往往着迷于雄性力量，她们渴望获得爱情，却把爱和性混为一谈。这样的性经验，对于年轻的男女双方都没有好处。

文化的影响

我们生活在一个性欲横流的时代，互联网、杂志、电视、音乐、电影，特别是在广告中，性无处不在。在美国，近半数（46%）15~19 岁的青少年至少有过一次性经验。[1] 只有 13% 的 15 岁少年有过性经验，但是到了 19 岁，每 10 个孩子中便有 7 个经历过性行为。[2] 初次性体验的平均年龄是 17 岁，以此推论，有相当数量的青年存在着婚前性行为。

由于道德标准的日益松弛，媒体对于不道德行为的宣扬，以及受到色情影像持续不断的轰炸，我们的年轻人面临巨大的挑战，很难将童贞一直保持到结婚。

大多数流行歌曲的歌词都极端粗俗，即使像我这样有经验的男人听来，现今的流行歌词也太过庸俗。它们大多数都充满赤裸裸的性暗示，并贬低女性的人格。令我感到震惊的是，娱乐业将女性当成了性玩物，而为什么女权主义者们对此不加鞭挞呢？我不希望自己的女儿相信流行歌手们的话，用他们的语言去行为和思考；我不想让自己的儿子像许多流行歌曲描绘的那样看待或对待女性。流行歌手们不鼓励青年们保护和珍视女性，以及平等地看待她们。

当前社会，很多高中的低年级学生在网上交流裸照，并卷入其他不雅行为。高中学生还进行所谓的联谊会，大玩一夜情的游戏。有一个女孩感到非常伤心，因为在她孤独的时候想要获得她的“朋友”的支持和同情，而她的玩伴却回答道：“对不起，我们只是性伙伴，一块玩玩而已。”她最终认识到，那个小伙子只是想占她的便宜而已。

诸如此类的性关系，已经给我们的青年和我们的文化，带来了非常严重的后果。

危 险

在上世纪 70 年代早期，当我还是个十几岁的孩子时，那时担

心的性病只有两种：淋病和梅毒，这两种病都可以使用抗菌素很容易医治，既不会致命也不会终生不治。这一点同如今流行的许多性病大不一样。下面介绍一些青少年性行为的相关风险。

青少年早孕正在美国泛滥。尽管一些统计数据表明，早孕率在呈下降趋势，但是美国每年的青少年早孕仍有 80 万例，青少年的意外怀孕往往会改变她们整个一生（甚至是几代人的命运）。目前，美国有 34% 的年轻女性在 20 岁前至少怀孕过一次，每 10 例中就有 8 例是意外怀孕所致，并且 81% 是未婚女性。[3]不幸的是，这些数字往往意味着许多女孩将要开始一个不幸的人生，只有三分之一的少年妈妈可以获得高中学历，到她们 30 岁时，仅有 1.5% 的人拥有大学文凭。[4]不到一半的少年爸爸可以高中毕业，即使能够毕业的人，也很少会去谋求更高的学历。[5]

许多（可能是绝大多数）少年早孕都没有什么令人高兴的结局。据美国疾病控制中心的统计，近 40%（39%）的全美新生儿是非婚所致（美国一年出生婴儿约 170 万）。[6]综合多种研究后可以发现，单亲家庭的孩子更容易卷入多种危险当中（比如贫困，身体、心灵和精神上的虐待，毒品，酒精滥用，过早的性行为，非婚生育，犯罪），这些危险间接导致了他们的教育程度要低于双亲俱全的孩子。[7]那些十几岁就为人父母的年轻人，很少能给自己和他们的宝宝提供一个良好的生活环境。

性乱行为能导致其他致命后果，艾滋病（AIDS）和人类免疫缺陷病毒（HIV）在全球的泛滥已经很好地证明了不负责任的性行为是多么危险。另外，如今流行着许多性传播疾病，其中一些是无法治愈的，给男女双方的身体都造成了极大的伤害。这些严重的后果包括：不孕，极大地增加患某些癌症的风险，脑损失，心脏病，生育缺陷，甚至死亡。

每年，大约每 4 个进行性行为的 15~24 岁青年，就有一个感染过至少一种性病，最为常见的是人类乳头瘤病毒（HPV）。[8] 据美国疾控中心的估计，约有 2000 万美国人感染了人乳头瘤病毒，每年还有超过 600 万的新增感染者。[9] 美国疾控中心估计，35% 的 13~19 岁青少年感染了人乳头瘤病毒。[10]

每年有 300 万例衣原体感染，其中大部分感染者为 15~19 岁的青少年。[11] 生殖器疱疹也是一种终生难愈的疾病，在性行为频繁的青年中颇为流行。

一项北加州大学的研究预测，每两个性生活频繁的青年（15~25 岁）中将有一个感染性病。[12]

对性病所做的统计结果是惊人的，估计有 25% 有过性行为的青少年患有一种性病或感染了一种病毒，但许多人对此一无所知。从本质上讲，当你同一个人发生性行为时，你便同与他发生过性行为的所有人有了一种联系，由此，性病在人群中飞快地传播。安全套并不能阻止许多病毒的大肆泛滥，唯一确保不感染性病的方法便是禁欲。

要知道，任何一次性行为都可能传播性病。对于多数成年人来讲，性行为指的只是普通的性交，而其实任何一种其他形式的性行为（如口交、肛交、相互手淫等）都可能传播性病。但在学校的性知识教育中，这些行为却被说成是安全的，可以替代普通的性交。

你儿子将开始性发育，将有许多的疑问，对于这些疑问，你是最好的回答者，否则他将会到街边的哥们儿那里寻找答案；甚至更坏的情况，他将从世俗的娱乐工业中寻找答案。

性教育

考虑到混乱的性行为带来的危害，对青春期孩子进行性安全教育显得极为重要。但是跟孩子们谈论性问题是困难的，特别是对母亲来讲，同自己十来岁的儿子谈论性话题是一件特别令人犯憷的事情。这就是为什么许多父母都把进行性教育的工作留给了学校。困难的事情往往会被人们搁置一边，直到问题变得难以收拾。然而，父母的职责要求我们迎难而上，对自己的子女进行青春期的性教育。的确，谈论性问题并不轻松，但即使在《圣经》里，都能直白地谈论性问题。读一下《圣经》中的《以西结书》第 23 章，它对耶路撒冷做了一番隐晦的描述。在《圣经》中读到如此直白的性描述，其令人震惊的程度，想必不会亚于同孩子谈论性问题。

让他人代劳（比如学校）进行性教育会带来一个问题，即学校的价值观可能与我们的不同。杰夫·珀基斯（Jeff Purkiss）在《骑士的学徒：教导我们青春期的男孩》（*Squires To Knights : Mentoring Our Teenage Boys*）一书中提到一个值得警觉的例子：

教育界中最令人担忧的问题在卡罗尔·艾弗利特（Carol Everette）的故事中得到了充分的体现。卡罗尔周游全国兜售自己的理念，她设想通过自己在教学系统里的操控而创造一项亿万美元的产业。她开发了一套性教育课程，并开始在附近的中学教授。她的动机是：为发展她的人工堕胎买卖培育未来的客户。她最终由此而发财致富。并且她还创立了一种商业模式，其重点有二：一是向低年级学生灌输性思想；二是诋毁家长的权威和信誉。[13]

全美国范围内，公立学校系统最流行的性教育项目，名为“全面的性教育”。人们对节制性欲的训练已失去了兴趣，一个更具自由主义倾向的管理组织控制了联邦基金，使得许多自由团体大行其道。他们的理念颇值得怀疑，即使是在传授禁欲的技巧，他们所用的方法也足以令父母们感到震惊。其中一个特别流行的培训课程是教授学生禁欲的知识，他们把6~8年级的孩子男女混合分成小组，一起学习一长串的性行为，如性交、口交、手淫等，他们希望通过学习和讨论，使学生对应禁绝何种行为达成一致意见。但与男孩一起讨论此类问题，对十二三岁的女孩来讲，会感到极为尴尬和羞辱。大多数男孩的母亲也不愿自己的儿子当着女孩的面，谈论这些东西。

这个项目的另一方面是教学生体会体外性爱的好处，它让那些自愿禁欲的学生发现体外性爱的快感。他们这样描述自己的理由:“当年轻人决心禁欲时，考虑好应该避免哪些行为是重要的，但同时，知道哪些行为可以做同样重要。当体外性爱被禁绝者接受时，他便可以享受到大部分的性爱快感，却又安全了许多。”[14]难道聪明的成年人应该教孩子们这些东西吗?

在同我的儿子谈论性问题时，我也很不自在，同女儿谈论时就更加困难。但假如你较早地引入这样的话题，在孩子青春期开始之前谈论会比较容易，并且在这样重要的问题上，你是最为合适的引路人。你儿子将开始性发育，将有许多的疑问，对于这些疑问，你是最好的回答者，否则他将会到街边的哥们儿那里寻找答案；甚至更坏的情况，他将从世俗的娱乐工业中寻找答案。尽早同你的孩子经常谈论性话题，可以使他们在成长的过程中真正遇到性困惑时，同你谈论这些问题而不会感到别扭。

为了能够同你儿子公开谈论性问题，你们之间必须发展出良好的关系，这就需要你采取主动的态度，努力培育亲密的关系。你儿子是不太可能自己凑过来，主动同你讨论性问题的。

作为父母，你可以传授给孩子两样最为宝贵的财富——智慧和经验。分析那些你曾犯过的错误，可以帮你的孩子远离类似的错误。但假如你不去同孩子分享你的经验，他们很可能重蹈你的覆辙。

色情影像

色情影像已成为你儿子日常生活中的一部分，在电视、电影和电脑上，他每天都会接触到这些东西。色情工业总在努力吸引年轻人的注意力，让他们对色情制品着迷并成瘾。色情工业是一个快速增长的行当，每年的产值为570亿美元，超过了麦当劳的2倍，它赚的钱比CBS、NBC和ABC等传媒集团加起来的总和还要多，也比职业橄榄球、职业棒球和职业篮球的年收入总和要高。[15]

色情工业花起钱来不惜血本，千方百计引诱青年人接触它们的产品，因为它们知道，哪怕仅仅是一瞥那些色情影像，都会令年轻人产生生理反应（释放荷尔蒙和肾上腺，产生冲动）。一旦冲动产生，大脑便会渴望获得更多的刺激。比如一个孩子想了解某个话题，他可以进入互联网去查找所需的信息，但假如他无意中敲错了一个字母，都有可能进入一个意想不到的网站，色情影像的传播者用这样的把戏，把几乎所有青少年感兴趣的话题都包围

了起来。如果你怀疑我的说法，在你的电脑上自己试一下吧！通过它们不断的努力，12~17 岁青少年已成为了色情影像最大的消费群体。

色情影像传播者使用的工具

欺骗的手段

潜伏：购买过期的域名，一旦有人访问那些过期的地址，便被链接到色情网站上。

诱骗：使用和严肃网站非常像的名字（比如用driversliense.com 冒充 driversliense.org）。

近似：使用的域名同那些热门词汇非常接近，当出现拼写错误时就会进入这些网站。

钓鱼：使用假的出错信息、警示、虚假表格，一旦点击便会进入色情网站。

劫持电脑

死循环：当色情网页一旦出现，电脑便陷入无休止的循环中无法脱离。

鼠标陷阱：改变了后退和关闭按钮，使用户陷在网站里无法离开。

改变启动设置：每当重启电脑，就会自动打开色情网站。

木马：在电脑的硬盘里植入木马病毒，监视你的一举一动。[16]

色情影像传播者往往使用三种策略来令人就范：攻击、诱骗和锁定。他们会攻击每一个人，尤其是年轻人。他们用上面描绘过的方法去诱骗人，希望人们一旦看到这些图像，无论出于好奇还是寻求刺激，都会再次浏览他们的网站。色情制品有很高的致瘾性，一旦上瘾便深陷其中，难以自拔。

年轻人接触色情影像的平均年龄是 8~11 岁。由于男性的视觉能力发达，因此，色情影像对男性会产生难以抵制的吸引力。色情影像会刺激男性大脑释放荷尔蒙，产生兴奋，并令男性上瘾，其作用方式同可卡因相似。这种荷尔蒙需要极大的刺激方能释放出来，这使得成瘾者总是需要得到更多、更大的刺激，以维持荷尔蒙的释放量。色情影像的消费者需要更多、更暴露、更清晰的图像，那些火辣的影像一旦被浏览过，便印入观者的脑海，以备日后需要时使用。色情影像会使观众对女性失去敏感性，产生不真实的感觉。

AWARE Inc. 是华盛顿州的一个组织，其使命是教育青少年具备足够的知识和技巧，选择健康的性行为，同时为父母提供支持与资源，鼓励他们帮助孩子做出健康的选择，并在社区中推广以克制、自律为核心的文化。他们在学校里推广克制性欲的各种训练项目，他们比喻年轻人一旦接触网络色情的情景是：如同给小娃娃可卡因，将无可避免地导致成瘾。[17]

事实上，色情影像也在贬低女性，它使观看者和被观看者都成了牺牲者，只有兜售者从中获益。它把女性塑造成玩物，可以随意买卖；它让观看者以为，女性真的喜欢被强奸、虐待和羞辱。

由于男性有能力将性和感情截然分开，因而有必要让他们理解，即使是出于自愿，那些色情影像中的女性也是牺牲者。他们要认识到，那些色情影像中的女性也是别人的女儿和姐妹，将来很可能成为他人的妻子和母亲，她们可能是毒瘾发作，也可能是

被强迫着才进行那些表演。据估计，在美国，每年有多达 30 万的年轻女性被诱拐，被贩卖成为性奴隶。我曾出席过一次男性大会，期间一个以前的脱衣女郎也参加了大会，她讲述了在色情电影中女性被怎样虐待，十分令人震惊。她陈述的女性在银幕后的辛酸血泪，印证了这样一个事实，男性的施暴只能激起女性对男性的仇恨。

色情影像的影响

1. 浏览色情网站或参与色情聊天会促发手淫行为，使神经系统受到过度的刺激。
2. 网络色情可以产生麻痹效果，使人逃避现实、获得快感，因此已能同违禁药品相竞争。
3. 只看几秒钟的色情影像，便能给大脑和身体带来永久性的变化。
4. 色情影像可以储存于脑细胞中，形成永久的记忆，改变观看者的行为。
5. 色情影像教唆年轻人认为：不负责任的性爱不但可以接受，而且是令人向往的。[18]

色情影像对男性而言是一种灾难，由于男性注重视觉的天性，使他们对色情影像毫无抵抗力。而可怕的是，男性从早到晚都受着色情影像的轰炸。

那么父母能做些什么来保护自己的儿子呢？首先，要保持沟通交流的畅通无阻，要经常同孩子谈论色情制品的危害和致人成瘾的威力。假如你儿子尊重你，你的意见将起到一定作用。如果你有理由怀疑你儿子曾浏览过色情影像，不要反应过激，要尊重孩子。其次，你应将电脑放在家中显眼的地方，可以随时监控电脑上进行的活动，不要在孩子的卧室中放置电脑。在电脑上安装过滤软件以拦阻登录色情网站；检查电脑的浏览历史，并经常检查光盘、闪存、手机；登录你儿子的网络账户，随机查看这些账户；在电脑上使用父母锁软件。

一个母亲曾告诉过我她的办法，也许是我听到过的阻止青少年浏览色情网站最有效的方法。她担心17岁的儿子观看色情影像，便决定同他谈谈。她问儿子是否注意到了出演色情影片的男女演员，身体的性征器官往往都格外大。她随后解释，如果总看色情影像，就会对未来的伴侣有不切实际的期望，比如希望女友能像色情片里的女性一样，最终只会感到失望；而如果他未来的伴侣也看过这些色情影像会怎样呢？当她头一次看到她爱人的裸体时，她很可能会想："不过如此啊！"她的儿子被这番描绘所震惊，他对这些后果的担心超过了我能想到的所有对策。

这样的问题是很难讨论和应对的，但在这些方面做出努力是非常必要的，因为它们可能造成终生的负面影响。请优先考虑这些问题，并努力解决它们吧！

手 淫

毫无疑问，许多人觉得最好是回避这个话题，我不记得曾经听到过有关这个话题的演讲。但在现实社会中，人们似乎在鼓励

年轻人采取自慰的方式去替代风险较大的性交。无论赞成与否，人们对这个话题都会反应比较激烈，因此当我在讲课时试图略过此话题时，听课的母亲们都大声抗议了起来，她们非常感兴趣男性是怎样看待这个问题的。

你能想象，在一屋子女性面前讨论这个话题有多么尴尬。但尴尬不应该成为回避这个问题的借口，事实上，对每个人来讲，这都是一个独特的话题。

由于荷尔蒙在体内涌动，青春期男孩在大约 18 岁时达到性能力的高潮，这导致了他们每天都面临巨大的性冲动和压力。因此，周期性地进行自慰对于一个青春期男孩来讲，几乎是不可避免的事情，无论他在道德上如何看待这种行为。我们可以做一个假设，在这个问题上，我们有两种不同的处理方法：一种是帮助我们的儿子用健康的方式处理这个问题；另一种是使孩子感到羞愧难当，从而毁掉一个男孩在性爱上的自我形象。

如果不能敏锐地认识到这个问题的复杂性，母亲们会轻易让男孩感到自慰是件丢人和不道德的事情。我还记得在高中毕业典礼后，我和一个朋友与两个姑娘约会，当我们坐在校外时，朋友的母亲意外地走来，并说道："我真高兴我儿子最终要离开家了，我终于不用再处理你床单上的污迹了。"她的迟钝令人恐惧，她的儿子羞愧难当地跑掉了，剩下我们目瞪口呆地僵在那里。我的朋友永远无法原谅他母亲的口无遮拦，他们的关系直到今天还非常紧张。

如同女性的月经，男人也有一个身体的周期。男性由于产生精子和其他的原因，每隔 48~72 小时就会自然产生性释放的欲望，这种欲望在年轻男子中是非常强烈的。[19]

自慰对于年轻男子的身体是否有害呢？可能没有害处。如果次数过于频繁是否对情绪健康有害呢？可能是有害的。沉溺于自慰，在生理和心理上对一个人都是有害的。另外，这样的自恋在许多方面也是不健康的，无法发展出健康的情感和人际关系。学会自我克制，对培养年轻人的坚强品格至关重要，在这方面的自律可以快速、深刻地塑造男人的性格。

在手淫问题上，专家们分成了两派，并且各自所持的观点都有一定的道理。可惜，《圣经》在这个话题上没有给我们任何的指导，只是有些章节间接地涉及这个话题（比如除了你妻子，不要对别的女人心存欲念）。上帝并没有在十诫中列出“你不得手淫”，否则就会令这个问题变得容易起来。但是很难相信，这样一项通过对陌生人产生欲望而达到自我满足的活动，在精神上是健康的。

也许，父母处理这个问题最妥当的方法，是在你儿子还小的时候，就和他开放、真诚地讨论这个话题，让他在这个问题上有足够的知识。无论如何，这个问题是应该公开讨论的，很多时候，神秘会令事情变得更加难以抗拒。

性纯洁

把孩子养大成人并保持他们的性纯洁直到结婚，看起来是一件令人气馁的事情。但是将这一目标置于优先的地位，会给你儿子甚至我们的社会带来极大的回报。

一些母亲不能理解儿子的性冲动，依然认为他还是一个小男孩。在一次讲座中，一位女士问道，即使父母在场，她 17 岁的儿

子同女朋友关上门单独待在卧室里是否合适。当我做出否定的答复时，她对我的回答有些不能理解。于是我反问："你能让自己的丈夫同一个漂亮女人关上房门单独待上几个小时吗？即使你就在房子里，你会同意吗？"

在一阵静默之后，她和屋中的其他女士都齐声答道："不行！"

我接着问："难道你儿子同你的丈夫有什么不同吗？"我想，她马上明白了我的要点所在。

当年轻男子努力克服性欲的诱惑时，他们的心灵将得到发展，并能增加对女性的尊重感。作为生理成熟的一部分，被迫（最好是自愿的）延迟性满足可以发展出许多积极的品质，这是那些轻易追求性欲满足的男性无法获得的。这些品质有些是生理层面的，有些是心理层面的，其重点是年轻男性必须学会忍耐，这可以培育出许多优良的性格品质来。

作为父母，我们的一部分职责便是保护孩子远离青春期性活动，直到获得了必要的技巧，能够承担起做丈夫和父亲的责任。

有一种方法可以帮助你儿子摆脱性欲的纠缠，便是让他尽量忙碌，特别是多从事体育运动。这一点对所有男人都有用，尤其对青春期男孩更加管用。保持身体的活跃可以刺激大脑和身体，使其不会感到无聊。当男性感到在身体和精神上有所挑战，觉得自己的生命有意义时，他会感到安全、充实、自信。这使他没有时间和精力去抱怨生活的无聊和缺少激动人心的事情，这种无聊感非常不利于男性的性纯洁，很多时候，男性用性活动来抵抗自己心中的自卑、无聊和渺小感。我相信，城市中很高的非婚生育率与文化中弥漫的绝望气氛很有关系，由于没有能力也没有希望获得令人尊敬的高薪工作，年轻男子便转而用与尽量多的姑娘上床，来证明自己的男子气概。

另一种帮助你儿子保持性纯洁的方法，是帮他设定行为的界限。你需要严格设定好界限，在培养孩子批判性思维的同时，又要使他能够严守家规。青春期孩子对自我的形象极度在意，你可以这样帮助他想清楚自己要做出的决定，你问他："要是你如此决定，大家会怎样看待你呢？"或者问："要是别人做出那样的决定，你会怎样看待他呢？"这样做便预先为他的行为设置好了界限，当处于艰难境遇时，可以作为行为的指导。如果没有这样的规矩存在，男性将特别容易随欲而为。

你儿子需要明白他要担负的责任，他现在已有了创造新生命的能力，他因此也担负起了重大的责任。思考并搞清楚自己的责任对他来讲非常重要，他要对自己创造出的生命负起责任来。我鼓励你同他经常讨论随随便便的性爱活动是多么不负责任。尽管社会上许许多多的人都叫嚷说婚前性爱是多么有趣、健康、毫无不良后果，并且许多人正在如此行事，但我依然认为，婚前保持纯洁是最好的生活方式。

我们设定的界限需要有监督机制来加以巩固。多数男性，即使是那些极其有自控力且道德高尚的男性，如果没有相应的监督的话，都很难抵御住诱惑。事实是，如果没有监督，许多男性就不会承担起生活的责任。

当提到男性负责任的性爱时，监督的存在可以根本性地改变一切。举个例子，在我给女性讲课时，我都确保自己受到他人的监督，我这样做不是出于我个人的愿望，而是代表了女性的心声。适当的预防措施是非常必要的，它使我时刻处于被监督的状态下，使我不可能一时冲动，在女性软弱时想去占她们的便宜。男性往

往本能地知道女性何时是可欺的、是可以占便宜的，他们经常可以嗅到暗藏的机会，即使没有明显的引诱和公开的吸引，一些女性也能令男人为她趋之若鹜。

当一个男人在生活中不受监督时，他便会任意胡为，受自己欲望的支配，认为凡是自己的愿望都是合理的，这是男孩应该尽早避免的。

帮助你儿子认识受到监督的重要性，并建立起一套行之有效的机制来。那些有能力通过自己的努力认清这个道理的年轻人，比那些被强迫为之的人有更好的适应能力。鼓励你儿子在性行为的界限上做出自己的判断，然后把他的决定同你、同他的父亲，或者最好是同一群亲近的朋友们一起讨论。如果他自愿写下一份关于此事的誓约，便会令他更好地加以遵守。

* * * * *

从性成熟开始，性问题成为你儿子生活中的重要因素。作为父母，你的首要任务是花时间帮助他养成健康的性习惯，这一点非常重要，因为它关乎你孩子生活中很大的一个方面，并且将伴随他终生。

延伸思考

※ 一些母亲拒绝相信她们的小儿子已变成了大男人，你是否已认识到你的儿子已经性成熟？

※ 为什么青春期的男孩爱做那些疯狂的举动？

※ 在你看来，我们的社会向年轻人推行的性爱观是否健康？为什么？

※ 你是否清楚现今性传播疾病的种类和传播水平？

※ 你是否已开始对儿子进行性教育？你是否仅依赖学校和其他机构来对你儿子进行性教育？

※ 面对泛滥成灾的色情影像，父母如何阻止子女受其毒害？

Chapter 9

精神的遗产：众神与怪兽

Spiritual Legacy:
Of Gods and Monsters

年轻男子如果在少年时没有打下信仰的支柱，便会在选择和决策时犹豫不决。没有罗盘为他们导航，他们的生命就好像无舵的航船。

我还记得母亲的祷告声，它们一直跟着我，陪伴我终生。

——亚伯拉罕·林肯

年轻人身上总能反映出他们家庭的价值观，他们同家庭传统的关系强烈地影响了他们的信仰历程。那些价值观构成了他们生命的基础，建构了他们的处世哲学和世界观。年轻男子如果在少年时没有打下信仰的支柱，便会在选择和决策时犹豫不决。没有罗盘为他们导航，他们的生命就好像无舵的航船。

我听过囚犯们哀叹，在他们的成长过程中，没有受过信仰上的训练。他们不知道自己需要懂得哪些道理，没有人花工夫教给他们正确的价值观。显然，缺少价值体系严重损坏了他们的生活，精神上的无依无靠导致他们的生活摇摆不定。

青春期是男孩的头脑极大拓展的时期，他们开始理解对与错、善与恶、自我牺牲与自私自利等概念。此时，他们开始有能力领会诸如敬虔、信心等复杂的概念。兰道尔·伊顿博士讲道："青春期是一个灵性觉醒、获得健全人格的敏感期。"[1]可是，我们常常是在孩子们终于有能力理解真正的信心时失去了他们。

为什么青春期男孩远离教堂，如何将他们吸引回来?

事实上，即使在信教家庭里长大的年轻人也在成群逃离教堂，那些不信教的年轻人更是对教堂不感兴趣。大卫·金纳曼（David Kinnaman）在《非基督徒》（*unChristian*）一书中清晰地指出，当今的青年人对于基督教的理解存在很大的困难，在他们的印象中，基督徒是一群爱品评是非、反同性恋、专制、怒气冲冲、残暴和无理性的人，他们试图建立一个帝国，让所有人都成为信徒。[2]同伴的压力以及相对主义文化思潮的流行，使年轻人视接纳、多元化、包容、宽容为最高的美德，这使得基督教强调的绝对真理显得过时、落后和愚蠢。当今社会中，似乎只有多元文化和环保主义才是真理。因此，如果父亲不做按时去教堂的楷模并虔诚地生活，男孩去教堂的可能性便随着他的年龄增长而迅速消失。

但是，男人们看起来也并不喜欢教堂。当代作家，如大卫·马洛（David Murrow）、约翰·埃尔德瑞格以及保罗·库格林近来都指出，教会在吸引和保留男性信徒上存在许多缺陷。他们非常准确地将这些缺陷归纳成：美国教会正在全面女性化，多数男性都被边缘化，甚至被排挤。

男性培养出深沉的宗教感情似乎要比女性困难很多。我不能断定这是否与骄傲有关，或者与男子持有的自力更生的态度有关，或者仅仅是态度冷淡。我知道大多数男人只有到了危难临头时才

会寻求上帝的帮助，而其中许多人一旦渡过危机就又放弃了对上帝的信心。

定期去教堂的男人有一些典型的特点，他们往往“谦卑、整洁、忠于职守，总之，都是好人”。[3]具备了以上这些优良品质固然很好，却也不应失去那些颇具男子气概的特征（比如热情、行动、坚定、成就等）。马洛认为，尽管教堂还没有失去所有的男性，但已不见了那些硬汉的踪影。他接着写道：“那些强壮、朴实、工作繁忙的男人很少去教堂，那些有成就有地位的人、那些冒险家和梦想家们也很少光顾，那些爱热闹、爱刺激的人也越来越少地去教堂，总之，那些争强好胜的男人们同今日教堂里的常客——那些安静的、沉思不已的绅士们——格格不入。”[4]

公平地讲，不是所有常去教堂的男人都是唯唯诺诺之辈，我见识过的教堂里，有一些就充满了男性的活力（那些教堂往往比较大且不断成长，并且由充满激情、作风硬朗的牧师主持）。坦率地讲，我觉得自己和朋友们都算得上是男子汉，而我们都去教堂。不过事实上，多数进教堂的男人要么不够投入，要么过于被动，往往令普通人心生厌烦。一个不信教的青年人曾告诉我：“我去过许多次教堂，在那里遇到过许多非常好的人，但他们都让我受不了，因为他们甚至都不能保护自己的妻子。我可不想同这样的人待在一起。”对于那些教堂里的男人，这可真是一份可悲的指责。谁都会想到，我们的男孩怎么可能被这种类型的男教徒所激励呢？

为什么青春期男孩需要信教男人的指引？

男孩和青年男子更喜欢行动、冒险、竞争、成就，甚至冲突。上帝按照自己的形象创造了男人，来到人间的耶稣也是一个男人。但是在教堂里，耶稣的形象已被画成一个温顺、文雅、善良、谦卑，甚至有些软弱的人。对耶稣流行的描绘是“上帝的羔羊”，顺从而温和，这副女性化的形象为男孩所厌恶，对他们是一种伤害。不仅如此，它对英雄气概十足的耶稣本身，也是一种伤害。耶稣并不女气，尽管他谦卑、善良、充满爱心，并宽恕了所有希望得到宽恕的人，但他这样做更主要的是为了避免冲突。当需要时，他是一个行动家，他也争论和固执己见，经常被追随者的愚蠢激怒。他是智慧精明的人，也是一个充满激情和煽动力的演说家。他的讲话里也常有粗话，常挖苦、轻蔑政府官员和宗教领袖。他也参与不雅的行为，同各色人等往来，比如妓女、乞丐、酒鬼等，这些人都为正派教徒所不耻。除了敲桌子和在盛怒下挥舞鞭子将一屋的钱贩子赶出圣殿外，他还怒斥他的同乡，因为那些人不止一次想往他身上扔石头，甚至想把他推下山崖。他并不一味地忍让，相反，似乎一有机会，他便主动挑战其他教派的教徒，以及那些术士、偶像崇拜者、文士和墨守成规的教会领袖。为了全人类的利益，他最终以血腥、残酷的方式献出了生命。

耶稣的娘娘腔形象除了对他是一种侮辱外，还有另外一个害处——这个形象舍弃了原本最能吸引男孩子的部分。那个中性的、温柔的乖孩子形象不但令男孩生厌，而且毫无真实性可言。首先，耶稣很可能是皮肤黝黑的，由于在烈日下劳动，他的脸应该是饱经风霜（他的眼睛也很可能不是蓝色的）。耶稣自幼是一个木匠，

在一个没有动力机械的时代，从船坞运送沉重的原木，抬举、分割它们，锯断它们并钉钉子，这些动作一遍又一遍地终日重复，恐怕会造就一双粗糙、肌肉发达且满是老茧的手。考虑到耶稣的工作性质，以及当地的气候条件和卫生水平，他很可能在多数时间里都是汗湿和肮脏的，并很可能散发着浓烈的体味。他也很可能割伤自己，或使用锤子时砸到手指（当然，他对此的反应可能不如我那样强烈），因此他的手上应该伤痕累累。长话短说，如果耶稣真的是上帝成为人的样子（《圣经》上是这样说的），那么他就该有普通人的特点和行为。

苍白、消瘦、羞怯、驯服，我们呈现的救世主形象是虚假的，令男孩感到厌烦。以下是库格林对此的评价："我们流行的错误概念是:耶稣不饮酒，不出汗，不发怒，不讥讽，不对抗，不怕麻烦，不会失去耐心，也不抱怨。与此相反，记录显示：上面所说的那些行为耶稣都做过，并且对于所有这些行为，福音书里没有任何道歉、忏悔或自责之词。"[5]

男性最初想获得自己的信心，需要放下自己的骄傲，谦卑地面对上帝。在经受了艰难的考验之后，信心在实践中渐渐成长。我愿意将信心解读成"风险"，它是上帝赐予的礼物。经验和考验是信心成长的基础，磨难是上帝用来培养一个男人的信心的手段。火可以让黏土变硬，也可以让石蜡溶化。同样，磨难可以让真正的信徒投入上帝的怀抱，而不是逃离上帝。我的发现是，每当困难快要把我压垮，我大声向上帝呼救时，他总是以我意想不到的新方法显出他的美意：或是通过《圣经》的话语，或是通过他人或我所置身的环境给我以启迪。

许多教堂出于安全考虑，不允许男孩去考验自己以培养自己的信心。喜欢冒险是男性的一个特点，教堂里不让男孩冒险，他便会到别处去寻找。有机会冒险有助于信心的成长，我的信心在过去的 5 年又有了巨大的长进，这期间我放弃了专职的教会工作，冒这样的风险使我更加依赖上帝，从而加深了我的信心。我认为那些从不冒险的男人，其信心是很不牢靠的。

在男孩子培育他们的信心时，男性长者的作用非常重要。没有其他男性的影响，很少有男人可以独立培养出信心来。信心的获得很少是出于智力训练的结果，而是更多依赖自己尊敬的男性的熏陶，要找到一个孩子喜欢的信教男人让孩子加以效仿并获得指导。

我经常在加拿大誓言守卫者大会上发言，那里经常有数以百计的父亲带着他们的儿子或没有父亲的男孩参加。当演讲者教给男孩基督教男子气概真正的价值所在，以及耶稣塑造的男性品质时，男孩心中信心的激情被点燃，他们都深深地受到了感染，激动而充满热情。

青年男子特别渴望有机会跟随长者学习，这经常是一种很自然的师生关系，其重要性往往超过了亲戚的关系，或者至少不相上下。同许多事情一样，为了得到信心，年轻男子必须模仿长者的榜样，他必须找到一个与自己相处融洽的男性基督徒，模仿那人的行为，并接受他的指导。而如果他在教堂里看到的都是被动、胆怯和虚弱的男人，他便找不到自己愿意跟从的长者了。

教堂使年轻人感到乏味，中学和大学的男孩们纷纷出离教堂。坦率地讲，甚至连我都难以找到一个满足自己全部需要的教堂。我知道，许多牧师主张教堂的工作就是传经布道。但我想要一个非同凡响的教堂，它不断壮大，主动帮助那些给社区带来危

害的人，成为他们的庇护所。我想参与一项伟大而激动人心的事业——给世界带来一些改变。而我不想每周日来到教堂，坐在同一张凳子上，看着同样的人（他们穿着打扮彼此雷同），一遍又一遍听着同样的人说同样的话。在我看来，教会抛弃了男性（特别是年轻男性），是对他们的一种伤害，如果不改变现有的做法，我们将失去整代的青年，最终成为欧洲国家那样的后基督教民族，美国将成为一个到处点缀着美丽的大教堂，但所有教堂都空无一人的国家。

也许，我们已经离那一天不远了。

为什么男性讨厌教堂?

我们需要注意，基督徒特别强调良好的行为表现。许多我认识的男孩都抱有这样的态度："如果上帝这么关心我的所作所为，我对上帝就不太感兴趣了。"因为男孩无法达到那些良好的期望，此时男孩要么放弃尝试，要么作假（这更糟）。可悲的是，那些良好的期望往往出自教职人员，而非上帝，因为上帝知道，人类无力达到那些标准。圣洁的行为是重要的，在人类的精神世界里有其特殊的地位，但只关注行为举止的基督教是肤浅的，对多数男人缺乏吸引力。我们已不堪忍受那些不切实际的神圣期望带来的压力。

有一些教会及其领袖向男性灌输内疚、负罪和羞耻等观念，以此吓唬他们，令他们变得胆小与被动。这类的教会都制定了严格的清规戒律，其标准之严苛令多数男人望尘莫及。他们相信这样的观念:“如果遵守了这些清规戒律，我们就会受到上帝的嘉许，确保获得他的祝福和奖掖。”[6]随着教会的不同，这些清规戒律的内容稍有改变，但其虔诚程度有增无减。[7]

其实，相比这些注重清规戒律的神学，男孩倒是更应该从那些先知、使徒的磨难和冒险故事中获得启迪。《圣经》里有许多无与伦比的男子汉，他们的生活是一个个惊心动魄的冒险故事，对孩子而言，也是可贵的生命教育课。

约拿（也许他算不上最好的男子汉典范）在海上被巨鲸吞噬，然后又被吐到岸上（这多酷啊！）；但以理在被扔进狮子的穴窟后，凭着信心的力量得以生还；沙德拉、米煞和亚伯尼歌毫发无损地待在火炉里，甚至连炉子外面的人都被热死了；约书亚和迦勒冒险进入满是巨人的荒野，回来后仍念念不忘要跟他们打仗。

约瑟被兄弟变卖为奴，又被诬强奸，但他仍能生存并日渐兴旺。他的故事是一个很好的例子:永远以正确的理由做正确的事情，不追求即时的回报，这样做不是失败，而是虔信，为上帝所看重。

参孙曾用驴腮骨杀了一千个人，由于选错了女人而变成了阳痿。《圣经》里最英武的人物恐怕是大卫了，当他还是少年时，就用一块石头和弹弓杀死了一个9英尺高的巨人。在那之前，当他还是个小孩时，曾空手杀死了一头狮子和一只熊。大卫吸引了许多无敌的武士跟随他，他们中有几人可以一人杀死三百个敌人。不过，大卫也是凡人，他谋杀、通奸，据说是一个可怜的父亲和丈夫。但是由于他的虔诚和忏悔的态度，上帝喜爱他，并称他为合自己心意的人。在此处，上帝给我们上了有力的一课：他更珍视人们的信心，而不是人们的表现。

这些都是能够吸引男孩的、充满男子气概的故事：探险、非

凡的战斗（如约拿单和助手一起杀了大约20个人）、审判与苦难、善与恶的争斗、耶稣的种种奇迹，这些故事都可以启迪孩子的心灵，吸引他们去过更有价值的生活。

母亲的角色

一位母亲应该如何激励她的青春期儿子坚定自己的信心呢？有很多这样的例子，母亲在儿子的整个童年都带他去教堂，但当孩子一到了十几岁或二十几岁时，他便逃离了教堂，先前所做的一切都毁于一旦。不仅如此，将信仰传递给孩子是非常困难的，孩子会在我们的信仰中挑毛病，相信多数人遇到过与下面故事里的父母相似的情形：

参加完弟弟的洗礼仪式，从教堂回家的路上，杰森一直在车后座上哭泣，父亲问了他三遍出了什么事，男孩终于回答道："那个牧师说，他想让我们在一个良好的基督教家庭长大成人，可是，我只想同你们住在一块呀！"

在孩子的童年时代，需要为他们打下信仰的基础，此时母亲的作用非常巨大。有句古老的西班牙谚语说，一吨牧师也顶不过一盎司母亲。母亲的奉献和信心是一个男孩的强大榜样，许多男人都将自己的信心和功业归功于母亲。男孩想要取悦自己的母亲，因而愿意（也许有些不情愿）同她一起去教堂。但随着他逐渐长大，教堂里那些枯燥和女性化的说教开始令他腻烦。假如此时父亲没来教堂，而是待在家里玩游戏、看电视，做母亲的会发现，将儿子拽到教堂会变得越来越困难。在这里我提供一些窍门，可以帮助你儿子在教堂里待上足够长的时间，以培养他的信心。

培养孩子的信心要从他的童年开始。我的女儿在青春期时，曾一度拒绝走基督教的道路，后来她重新回来，并认识到了上帝在她生命中的价值。她之所以能够回归，是因为童年时我们对她的教导起了作用。我的儿子正处在上大学的年龄，尽管他在信仰之路上也出现了一些摇摆，但最终也认识到了上帝和上帝的拯救是绝对的真理。有我这样真正的信徒做榜样，我衷心期望他在成家后可以带领家人虔诚地生活。

另一个需要注意的是，如何向你儿子表达你的信仰。假如你在生活中处处谦卑和虔诚，那些价值观就会慢慢融化到你儿子心间；相反，假如你的信仰生活是伪善的，表面和善而背后总要批评和抱怨他人，一旦出了教堂的门就从不帮助他人，那么，你的那些态度也将传递给你儿子。如果你从不为了信仰而冒险做任何事情，你儿子就可能从来没见过上帝理会过你的祷告。

另外还要懂得，男性从实例中学习效果最好。例如，爱因斯坦有一次曾这样描绘相对论："一个男人同一个漂亮女孩坐上一个小时，觉得就像只过了一分钟。但如果让他在一个火热的炉子上坐一分钟，他一定觉得无比漫长，这便是相对论。"[8]请记住男性的学习特点，从你过去的日常经验或遭遇中找寻例子，与你儿子坦率、诚实地分享你的信心和上帝在你的生活中所起的作用。不必害怕让儿子知道你曾犯过的错误，孩子知道我们并不完美。因此，告诉你儿子，在生活中你在为什么而挣扎，为什么上帝的出现对你有很大的帮助，知道这些对你儿子非常重要。作为一个全

职的神职人员，我从中获得的一个好处便是，上帝始终向我和孩子们显示我们每天所取得的劳动果实。事实胜于雄辩，我妻子喜欢在演讲中谈论许多事情，但有时候沉默是金，行动的力量要远远大于语言，我们自己虔诚生活的例子远比任何讲座都生动有力。

还有，要找一个由富于健康男子气概的人们领导的教堂——既不是一个大男子主义泛滥的教堂，也不是一个女性化的教堂。如果所有的领导层成员、志愿者和项目指导都是女性，则那所教堂很可能具有女性气质。你儿子需要看到男人应该如何虔诚地生活，他需要待在他们身边，看他们如何处理生活中的纠结，体会他们的信仰的价值。如果这些不是来自男人，他将很难理解信心的概念，也不会珍视它。

找一些描绘勇武的男性基督徒为正义的事业而战斗的书和电影，纵观历史，那些取得最辉煌伟业的男人都是基督的信徒。事实上，最终导致我全身心接受上帝的原因，便是在研究了历史上最伟大男人的事迹后，我发现他们都是基督徒。男人的信心同他的伟业是息息相关的，基督号召我们去建功立业，但是我们中的许多人没有回应他的号召，而所有年轻人都是渴望建功立业的。

找一些威武的男人，同时他们在做的事情又对你儿子很有意义，让你儿子可以经常待在他们左右。我知道一个教堂，那里有一个被称为“高速汽车”的项目：几个男人一起买了一辆旧卡车，然后在一年里每周六聚在一起，将车修理改装成一辆高速汽车，他们邀请各自的儿子和没有父亲的男孩们加入，肩并肩地工作。到了年末，他们举行了一个盛大的庆祝节日，拍卖了那辆汽车，用所得的利润再买一辆旧车，重新开始全过程。许多男性领导的教区项目都与汽车有关，还有的是帮助单身母亲修理汽车，这便使你的孩子可以看到男人用他们的技巧助人为乐。任何时候，你都能让自己的儿子（或女儿）不再只关心自己，而将注意力引向去帮助那些比他们更为不幸的人们，这是极强大的生命教育。

其他一些教堂有带孩子参加年度狩猎或钓鱼的活动，在教会里，我同儿子度过的一些最美好的时光是在一个男人度假村，我们一起参加漂流、射击和攀岩。与每日活动相结合的，是一位英武的牧师所做的强有力的布道，以及成百个男人声若雷鸣的祷告。用这种策略，你一定能抓住男孩的心。

鼓励你的丈夫或其他男人参加教堂的信徒小组，例如罗伯特·刘易斯“养育现代骑士”或“兄弟会”等，让青春期的男孩也加入这些小组。男孩喜爱同诚实的长者一起研究和学习，他们渴望真实，因此，这样的小组在塑造孩子心灵方面极具力量。

还有一个需要小心的地方是，外界的信息对你儿子信心之旅的影响。在我成年后参加研究生院时，我观察到大学教授们的一个癖好，他们更喜欢传授他们的观点来轻而易举地影响青年人，而不是教给他们事实。如果要真正教育大学生，他们应该无偏见地介绍一个问题的两个方面，然后鼓励他们通过辩论、研究和仔细思考，来决定自己对于这个问题的观点。这样的方法被称为批判性思维，而具备这种思考能力的学生正日渐稀少。大学里传授的东西，大多都经过了教授们自己的世界观的过滤，并带有各自大学的政治倾向。大多数的高等教育都天然地带有世俗的倾向，甚至是极端自由主义的倾向。

如果你儿子计划上大学，要教他做好准备，在任何问题上都不要仅仅依赖单个人的意见和单一的信息来源。当我为写书研究一个问题时，我要读相关的几十本著作，无论基督教立场或世俗

立场都不放过。我浏览来自许多渠道的信息，然后搜集我相信的正确的信息和观点，并摒弃其余的。还有一个重要的能力需要教给你儿子，教他看透那些个人或机构提议的背后动机，这可以帮助他辨别所获信息的真伪。

许多大学生都会暂时疏离自己的信仰，部分原因是他们的世界观受到了学校和学术人员的影响。我参加了一个基督教学院，由于坚持认为进化论只是一个理论，我受到了同学和教授们的公开嘲笑和责难。他们已经失去了开放心灵的能力，以至于不能接受任何不同的意见。仅仅因为某件事想起来有道理，并受到众多聪明人的推崇，并不意味着那件事就一定正确。不久前，大学教授和科学家们还认为地球是平的，而治疗疾病的最好办法是放血呢！同今天一样，当时任何持不同意见的人也会遭到蔑视和嘲笑。

要想使你儿子走到外面的世界后仍能坚持自己的信念和信心，很重要的一点是，培养他开放的头脑和批判性思维的技巧，借此来分析别人传递给他的信息，到底是事实、理论还是某人的观点。不要同你儿子争论，而要利用每一个机会促使他从所有可能的视角看待问题。鼓励他发现信息背后的动机，发现是哪些人或组织相信和支持那些信息。

最后，每天都为你儿子祈祷吧！为他的心灵、情感、身体和心理全都健康安全祈祷，为上帝给他带来良师益友祈祷，为他的性纯洁祈祷，为他未来的伴侣及其家人祈祷，为智慧和辨别力祈祷，为你儿子的决策能力祈祷。我的妻子每天都祈祷我们的孩子做错事时被“逮住”，她知道他们可能犯错，做出错误的选择，但是如果能在第一时间就被逮住，便会免受进一步的伤害，并不致带来更严重的后果。我相信上帝回应了这些祷告，我们的孩子往往稍有出轨的行为，便总被逮个正着。

＊＊＊＊＊

这些只是关于孩子信仰问题的一小部分例子，最终，你的孩子需要靠他自己来建立信心。他必须走出父母的羽翼，去发现自己同上帝的关系。假如你自己同上帝的关系是真实的，你的孩子将大有可能理解和感到信心对他的重要之处。

但是，即使你的孩子同他的信仰疏离，也不要失去希望，许多离开教堂的年轻人后来又主动返回。请记住，爱他们而不去评判他们是重要的基督教美德，爱他们并不意味着你要附和他们的决定或选择，而是要尽心竭力地使你们之间的关系保持开放。你儿子的精神救赎是如此的重要，你必须对他敞开心扉。

延伸思考

※ 年轻人的信心训练重要吗？假如你是一个基督徒或其他宗教的信徒，你很可能给以肯定的回答，但假如你没有宗教信仰呢？信心训练是否重要？为什么？

※ 为什么年轻人离开了教堂？假如你总去教堂，是否注意到参加者中缺少高中和大学年龄段的青年男子？

※ 为什么教会推广的传统耶稣形象令男孩和年轻男人感到厌烦？

※ 一个母亲如何帮助自己的儿子培养宗教信仰？如何做可能会伤害他的发展？

培养受益终生的性格

Building Character for a Lifetime

青春期的孩子并不是小一号的成人，他们在精神上和情感上更像是一个大孩子，这意味着他们很容易受到偶像的影响，并愿意模仿他们。

孩子们从不善于听从长辈的教诲，但是他们从不会错过模仿长辈的行为。

——詹姆斯·鲍德温

男子在这个世界上拥有的东西里，唯一不能丧失的是他的个性。没有个性的男孩和男人，将无法发挥他的潜能。但是，在后现代社会里，人们不再相信真理和道德，也不再相信对与错，那么，我们该如何教育孩子认识到个性的重要性呢？

有一件事我们必须时刻牢记：孩子在模仿我们的行为，而无视我们的说教。不幸的是，他们常常模仿我们的劣行，而非我们的善举。正因为如此，在塑造孩子的个性时，我们应该时刻警惕自己起到了怎样的榜样作用。

当我的两个孩子分别为 8 岁和 10 岁时，我们去墨西哥度假。一天，我们决定参加一次有指导的潜水活动。我不知道的是，作为活动的一个风俗，船员会给每个男性旅客一大杯酒，由于我很少喝酒（特别是在早上 9 点钟），我拒绝了他们的酒，而船上的其他男人都毫不迟疑地接受了这份免费的招待。也许船员把我的拒绝当成了一种冒犯，他们一个劲地努力要让我喝下一杯。他们变得相当有攻击性，甚至开始笑话我不够男人。坦率地讲，在一番施压后，我的想法开始有些软化，我暗想："没什么大不了的，我在度假呢，喝杯酒又算啥呢？"

幸运的是，当我就要屈服时，我环顾四周，看到两双圆睁的眼睛正紧紧地注视着我。考虑到妻子和我花了大量的时间教育孩子要顶住同伴的压力，现在，在孩子面前不应该显出言行不一来，于是，我坚定地拒绝了他们的劝诱。事后，我心有余悸地想，哪怕只是我一刻的软弱，也会毁掉我们此前为了教育他们所做的一切艰难努力。假如他们看到我在同伴的压力下屈服，我在这个问题上的说教将变得一文不值，甚至我的一切说教都将变得黯然失色。

个性是一个健康、有男子气概的男人最重要的成分，男性的坚强需要优良的个性作为保证。奥布里·安德林认为在男性的价值观中，个性是最重要的元素。他讲道，莎士比亚"把完美的男人描绘为行动像天使，外表如天神"。[1] 其实，安德林的引用并不准确，原文来自《哈姆雷特》，应该是："男人是多么了不起的一件杰作！多么高贵的理性！多么伟大的力量！多么优美的仪表！多么文雅的举止！在行为上多么像一个天使！在智慧上多么像一个天神！宇宙的精华！万物的灵长！"[2]

而事实是，男孩需要一套定义完整的理想，如果想要他茁壮成长，父母就需要教给他一套价值体系。如果父母没有教给自己的儿子一套价值体系，他将从其他人（你很可能并不欣赏的那些人）那里获得。美国的公司、麦迪逊大道、主流媒体和娱乐工业，全都否认自己对影响孩子负有责任，而实际上，为了从中谋利，这些机构在孩子很小的时候，就在道德上腐蚀他们。

至少，一个著名的说唱歌星曾公开宣称，自己不是一个模范榜样，但他却为成千上万的男孩所崇拜。在谈及一款他出品的暴力游戏（这个游戏由于过于暴力而在澳大利亚被禁止）对青年的影响时，他抵赖道："一个人如果能被游戏影响，那他其实早就不可救药了。"[3] 其他一些歌手承认，现今他们正在有计划地令年轻人道德堕落，当然他们这样说有吸引公众注意的表演成分，但在某种程度上，我觉得他们是当真的。他们的影响对于心智尚未成熟的年轻人来说，是极其恶劣的。特别需要牢记的是，青春期的孩子并不是小一号的成人，他们在精神上和情感上更像是一个大孩子，这意味着他们很容易受到偶像的影响，并愿意模仿他们。

甚至我们的公共教育系统在青年的伦理教育和性格培养方面所持的态度也极其暧昧。我最近从一位教师那里听来一件事情，一个公立高中想要更换他们的校训，要选择那些能够激发孩子对学校充满自豪感的语句，他们发信息让学生们投票，请他们选出自己喜欢的词句作为校训。绝大多数学生选择的词语是"光辉、荣誉和力量"，并认为这些词最能代表他们的心声，而且这三个词的缩写也同校名的缩写相吻合。后来，在一次讨论调查结果的教师会议上，绝大多数教师都拒绝以这三个词作为校训，因为他们觉得这些词概括得不够全面，不值得推广。实际上，教师们认为这些词在某种程度上冒犯了他们，一个辅导员不满地说："你该如何教给学生诸如荣誉感这样的品质呢？"有趣的是，马丁·路德·金（这个教育界推崇的人物）在谈到这个问题时，他的观点与那个辅导员的看法正好相反，他说："教育的功能便是教会人高强度地、批判性地思考。智力加品格，这便是教育的真正目标。"[4]

青春期时期，同伴和外人对年轻人的影响超过了他们的父母。

那些影响你儿子生活的人，他们向孩子宣扬的品质，往往被孩子认为是高贵的、深具激励作用的。可是，尽管父母认为自己的影响力下降了，他们其实在孩子的成长中仍是最为重要的因素。我上高中时的校长常说一句话："允许等同于鼓励。"你儿子比以往更加需要知道：你信仰什么，你为什么信仰这些。

以下列出的一些品格，是我认为年轻人应该学会的，并给出了我的理由。你能发现，其中很多有关健康男子气概的例子在我的作品《虎父无犬子》(*Better Dads*, *Stronger Sons*）和《男人的力量》(*The Power of a Man*）中有所描绘。考虑一下什么是你看重的，你想要向儿子宣扬什么，然后制订一个计划并加以实施。以下品格，只是我们应该积极教给孩子的一小部分，我试着举例说明这些品质将如何取得，并尝试解释为什么男孩需要这些品质。

坚 忍

> 强健而尊贵！
>
> ——马克西姆斯·德西马斯·梅里迪乌斯
>
> (Maximus Decimus Meridius),
>
> 电影《角斗士》(*Gladiator*)

培养孩子坚忍的品格是引导他走上成功之路的一种方法。坚忍是一种能力，使人可以很快摆脱困境或悲剧的命运，它让男人在逆境中不放弃。坚忍的男人往往有一颗勇敢的心。

通过高标准、严要求的训练，男孩学会了坚忍（尤其是在成

年男性的监督下)。我高中时的体育老师就对我的一生产生了巨大的影响。我特别记得高中时的田径教练马克斯·詹森(他可能是个基督徒),他不遗余力地督促我不断突破自我极限,教会了我坚忍、自律、顽强和努力工作。我所有的教练,尤其是橄榄球教练和摔跤教练,用一切必须的方法(包括体罚、言语挑衅、挑逗和赞扬),培养我坚强的性格。他们推动我超越自己认为的极限,我之所以有今天全仰仗于此。但是,如今无论在高中、大学或是专业院校里,纪律严明的教练已经是凤毛麟角,小伙子们没有学会尊重权威、珍视自律与刻苦工作的价值,他们的一生也为此而倍遭挫折。

举个例子,新兵训练营是用来调教年轻人、教会他们团队作战的地方。那里有时会用到严酷的纪律和极端的手段来迫使年轻人懂得,他们有能力超越自认的极限。教官们如此做是因为他们知道,男人身上的自律和坚忍品质可以救他们自己和他们连队其他人的性命。

那些没有学会自律和坚忍的男孩会经常违法,往往要费九牛二虎之力才可能把他们从毁灭的悬崖边上拉回来。我最近看了一段发人深省的录像,佛罗里达州棕榈海滩警察局开办了一个为期5个月的训练营,叫作雄鹰学院(www.pbso.org/eagleacademy/),主要的服务对象是13~16岁之间处于危险中的孩子。这些孩子在自愿参加该项目前,全都陷于严重的麻烦之中。录像中记录的训练情况,非常类似于新兵训练营的训练项目,包括每日的体能训练、文化教育和品格培养。录像中的大多数小伙子都来自毫无纪律约束的环境,许多人来自单亲家庭,受到母亲的百般溺爱。这些年轻人先是愤怒地抗拒训练,并开始憎恨训练营。但随后,在精心的指导下，他们的生命之花开始绽放，在成年男子的教导和督促下，这些孩子脱离了旧日的习性，学会了一些诸如尊重、顽强、团队合作等品质。看着这一切的发生，真令人陶醉。在赢得了孩子们的尊敬并调动起他们的积极性以后，集训教官们迅速转型，成为孩子们的导师和传授他们生活技巧的教练。其中有几个女性教官，甚至教起了孩子们应该如何尊重女性（这是他们特别需要学习的）。当这些孩子接受培训时，他们的父母也每周接受关于如何做父母的辅导。

在训练营中，男孩都被寄予很高的期望。对于很多孩子来讲，这是他们头一次被寄予这样高的期望，他们在这种高期望中得以施展才华。他们完全为自己的决定和选择负责，在教给孩子们懂得尊重他人之后，训练教官们帮助他们克服自己一向畏惧的困难，以提高孩子们的自信心，其中的一个训练项目是拽着绳子从 90 英尺高的塔上滑下来。通过取得这些意想不到的成功，孩子们获得的自信是真实而健康的，完全不像那种通过不实的赞扬、平等主义的废话和低期望值堆砌起来的虚假自信。这个项目也吸引了一些最优秀的教育者参加。多数男孩认为，在整个项目中，学校的教学部分是他们最喜欢的，许多人一生中头一次在教育环境中尝到了成功的滋味。看着他们开始享受学习而不再怨恨学校，特别令人感动。

项目结业前，最后的挑战来自于一项精心设计的拉练，它将孩子们的体力和心理的耐受力推到了极限。这是一项为期 24 小时的困难重重的挑战，参与者在身体和精神上都将经受考验。例如，在经过了一整天令人筋疲力尽的身体训练之后，经自愿选择，男孩们在半夜里坐进注满冰水的水槽里；他们浑身湿透，然后反复

在沙子中打滚，时间一长，他们的身体和精神都极度疲乏。每个与此相似的训练，其强度都超过了孩子们自认为可以忍受的极限，它们教会了孩子们如何忍受难以想象的艰难困苦，培育了他们坚忍的品格。现在，当生活中出现逆境时，他们不再会轻易退却；当任何一个学生在参加的项目中败下阵后，教官们都会对他抱以同情，加以鼓励。在短短的5个月里，在教官们的训练、教导和督促下，这些年轻人完成了从男孩到男人的转变。完成项目是艰难的，但到最后，男孩们都爱上了训练营，他们为自己能够完成这些项目感到无比的自豪。

我不清楚这个项目的成功率是多少，但是我相信它激活了这些男孩的生气，拯救了他们原本看似毫无希望的悲惨命运。当然，你无法知道究竟有多少孩子通过这个项目的培训而避免了走上犯罪的道路。但我确信，如果我们对那些没有父亲的男孩不闻不顾，男人们的犯罪率和遗弃家人的概率将持续地代代增加。

由于母亲保护孩子的天性使然，看着儿子被男人们“折磨”让人难以忍受。但对于多数男孩来讲，这样的考验是必须的，他们需要经受住这些考验，从而培养出自己的男子气概。

我们这里谈论的并不是要虐待孩子，而是督促他们发现自己的价值。男性通过自己取得的成就而获得自信，女性往往很难认识到这点，因为她们自己是通过人际关系而获取自信的。一个母亲可以成天对她的儿子讲，他有多么与众不同，但只有当他被一个男人督促完成了一项艰难的任务时，他才会真正相信自己是与众不同的。

坚忍可以让男孩通过不断战胜困难而塑造自己的性格，它在男人心中建立起自信，让他们在生活的逆境中不会退缩和动摇。

毅力

所有成就伟业的男人都有一个共同点，他们都有超人的毅力。废奴主义者威廉·威尔伯福斯（William Wilberforce）一生都在英格兰与蓄奴主义做着艰苦的斗争，他不断遭到攻击和谩骂，直到临死前才得知自己取得了胜利；在成为最伟大的篮球巨星之前，迈克尔·乔丹曾被高中篮球队裁员；温斯顿·丘吉尔几乎凭一己之力拯救了他的国家，在大多数同胞都要向纳粹德国投降时，他却毫不动摇地坚持抗击。亚伯拉罕·林肯可能是美国最伟大的总统，他面对的也是美国历史上最艰难的时代，重温一下他的生平，使我们有机会发现林肯是如何培养出那些优秀品质的。

林肯 9 岁时母亲就去世了，他基本上是自学成才；他做生意多次失败，在法庭、众议院和参议院的竞选中也屡次败北；他的至爱亲人因病辞世，但他坚持了下来，直到 1860 年当选为美国总统。他领导国家渡过了美国历史上最大的危机，他废除了奴隶制，他调和各方矛盾，直到一颗暗杀的子弹过早地结束了他的生命。

林肯承认，他曾多次失败但从未放弃，他从不认为自己是一个逃兵或者败兵，他从失败和失误中学习。他能面对绝境而坚忍不拔，得益于他坚强的性格和坚定的信念。他学会了忍耐、谦卑、坚强、果决和得自于失败的智慧。他早年的失败培养了他独特的品质，使他在国家四分五裂时可以带领国家渡过危局。今天，我们迫切需要培养这样的男人。

如果从不允许男孩失败，或是在他们刚遇困难时就施以援手，就会妨碍他们培养出一些极端重要的品质。屡败屡战的经历可以帮助他们做好准备，在将来带领他的家庭渡过危机时不会轻易逃避。

有一课我们必须教给男孩们，即因尝试带来的挫折并不等于失败，只有退却才是失败。以善意行善事，即使屡遭挫折也不算是失败，我们应该称之为忠诚，忠诚是最值得褒奖的品格。

最后应该知道，放弃是男人很容易养成的一种习惯。也许，世上最艰难的事莫过于结婚和养家了，如果一个男孩习惯于放弃，或者习惯于被别人援助，他在长大成家后，一旦夫妻关系出现困难局面，便容易选择离家出走的方式。所有的人际关系都会有困难的时候，起起落落、波峰波谷是人际关系的必然状态，平安渡过低谷，把峰顶的日子过得更加惬意，是一种极大的能力。那些提前放弃的人无缘享受在顶峰时的美丽风光，他们无法享受婚姻带来的欢愉，因为他们没有毅力坚持熬过艰难时刻，这也是如今离婚率居高不下的一个原因。

正 直

一些人看到那些已发生的事情，会问为什么发生。我梦到那些从未发生的事情，然后问为什么不发生。

——罗伯特·肯尼迪

许多人都认为正直是人类最美好的品质，但他们往往并不清楚正直的确切含义。如果一定要问，多数人会说，正直就是诚实或者性格鲜明什么的。诚然，诚实是正直的一个重要组成部分，但正直不仅仅是一种性格特点，它更像是一种生活态度，或者贯穿人整个生活的一种符号。《韦伯大学生词典》如此定义正直：

1. 坚守某种特殊的道德或价值，不被利诱。

2. 身心健全。

3. 人格完整。

我特别欣赏第一条定义——不被利诱（尽管身心健康和人格完整也非常重要）。字典里将“不被利诱”解释为不会被收买，也不会道德堕落。

可惜，今天人们崇尚的原则是为达目的可以不择手段。运动员为了提高成绩服用违禁药物成了家常便饭，而观众们也会轻易原谅他们，欢迎他们在短暂的禁赛后重新归来。最近，一个棒球明星由于服用禁药被停赛 50 场，但等他重回赛场时，球迷的欢呼让他仿佛成了英雄。公司的 CEO 们为了偷盗员工的养老金而被捕，但对他们的处罚仅仅是短暂的刑期和同他们的所得相比简直不值一提的罚金。影星和歌星们经常由于吸毒而被捕，但除了反复出入戒毒所外，对他们没有任何惩罚。这些偶像和领袖们也许对他们的被抓稍有悔意，但他们的行为传达给年轻人的信息是“胜者王侯败者寇”，他们还告诉青年，有了足够的金钱和名望，你就可以置身法外。

一个青年如何培养正直的品质呢？正直是可以培养的，首要的是男孩自己要在内心下定决心，然后我们教他学会自律，学会对自己的行动、决定和选择负责任。男孩还要知道，正直是有一定代价的，经常做正义的事情未必能得到好的报偿。另外，年轻人应该尽早懂得，做与不做决定、进行与不进行选择都会承担相应的后果，这也许不公平，但却是真实的。

正直的男人和男孩会坚持原则，他们毫不动摇，不会因同伴

的压力而摇摆，也不会屈服于舆论的压力。他们忠诚，不会被腐蚀，他们清楚自己坚信的价值是什么，并终生不渝。正直的男人可以温暖所有接近他们的生命。

尊 重

试着成为一个有价值的人，而不仅仅是一个成功的人。

——爱因斯坦

也许我现在已成了一个脾气古怪的老头，人们对我似乎已不像以前那样尊重了。我们的社会文化认为，除非别人先尊重你，否则你没有义务尊重他人。这种看法与《圣经》里的观点相冲突，圣经彼得前书第 2 章 17 节说："务要尊敬众人。"它并没说要给那些尊重你的人以尊重。《圣经》说尊重每一个人，因为所有人都是上帝按照自己的形象创造的。

面对文化价值观的全面颓废，也许我是唯一感到气愤而又深深不安的人。如今的年轻人比我的时代缺少对人的尊重，他们似乎对于何为尊重有着全然不同的概念。许多现今的年轻人相信，在他们给予他人尊重之前，必须先获得他人的尊重。这种思想的荒谬之处在于，它认为尊重应该赚得，而不该给予。而在我年轻时，从未想过对一个成年人可以不尊重，特别是那些处于权威地位的人。另外，如果我在学校惹了麻烦，我不仅要接受学校的纪律惩罚，回到家里还会受到家长的惩罚。通过与教师、教练、警察和家长等的交谈和工作相处，我敢说，我们孩子中的大多数对任何权威人士都极端不尊重。

这种对权威（家长、教师、警察）的不尊重致使他们缺乏正直感，因为他们在生活中无须承担责任。如果年轻人无须承担责任，那他也就无须自立、无须诚实，他们的言行也不需要被信任。

现今社会缺乏平心静气的深入讨论，这也令我不安。在任何问题上，对立的两派总是相互谩骂和叫喊，而不会智慧地、简明扼要地陈述自己的观点，相互尊敬地讨论问题。声震你的对手，只能蒙蔽自己的眼睛，使你无法知道对方观点中的合理之处。这使得你以感情而不是理智来判断问题，任何不同意你观点的人，都会被你视为无知和堕落，这是极为错误的想法。

对持不同意见的人采取恶意攻击的策略，会带来几方面的恶果。首先，它让年轻人相信，谁先诋毁反对者，谁就处于有利的地位。政治正确和相对主义推崇的观点是：无所谓对与错，同当权者的观点保持一致就正确。有过很多的例子，作者说出或者写出了真相，但由于触犯了某些人的感情，作者受到了攻击和疏远，所言的真相也不再被提及，而让位于政治正确。那些到处宣扬宽容的人，往往对持不同信仰的人最不宽容，甚至对一些他们感到不满的法律词语，都要加以修改和删除。

我们的青年没有学会如何进行批判性思维，他们学会的是机械地人云亦云和对文化异己者的齐声谴责，仿佛他们手中握着绝对真理。其实，他们被自己的感情操纵，无法利用原则和常识做指导去发现真理。从老歌和老电影被翻唱、翻拍的比例就可以判断，如今最具创造性的年轻人都在政治正确的影响下趋于僵化，没有人去思考自己圈子外的世界，他们不愿去了解与自己文化不同的其他社会，于是新的思想便无从发展。政治正确正在成为我们社会创造力的桎梏。

其次，恶意对待持不同意见者会堵塞言路，无法获得有关问题的多方面意见。由于害怕受到攻击，大多数人都不敢发表自己的看法。我有一些朋友，他们都有可能成为出色的政治家，并为国家的改变贡献力量。但他们都拒绝竞选公职，因为他们清楚，自己的价值观可能惹来对他们人格的攻击，这些攻击轻则给他们扣上无作为的帽子，重则败坏他们的名声，甚至要了他们的性命。

最后，这种行为是不道德的，它教唆人们蔑视和嘲笑那些与自己不同的人，而不去欣赏他人的可贵之处（我能想象，左派和右派的人都会认为我是在责备对方，实际上，我所说的是所有派别，所有派别都应该为自己的行为感到内疚和羞耻）。

当我们如此行事时，我们难道能给自己和他人带来尊重吗？难道彼此通过吼叫以盖住对方的声音，就能显示出诚实、公平、正直和尊重吗？进一步讲，如果孩子在这种文化环境下长大，当出现不同意见时，他们会不会如法炮制以此来对付自己的妻子和儿女呢？

荣誉

不敬重自己的英雄的民族，不会长久。

——亚伯拉罕·林肯

根据在线字典（Dictionary.com）对荣誉的定义，该词有三方面的意思：1. 诚实、公平、正直；2. 信誉或卓越的源泉；3. 崇高的敬意。

荣誉和荣誉准则对男孩和男人至关重要。纵观历史，在任何一种文明当中，男子气概都普遍表现出某种荣誉准则，这种荣誉准则往往在本性上是高贵的。武士原则往往同荣誉准则相混合：中世纪的贵族坚守骑士原则；日本武士有他们杀身成仁的准则；美国的海军陆战队员也有自己的信条——所有人的生活都应遵守一个清晰的原则。荣誉准则使男人坚持一套理想和原则，让他们生活得更加高贵。通常，肯为公益做出牺牲是英雄形象中最为重要的品质。

男人需要相信，有些事是值得为之赴死的。他们的生活需要一种准则，以推动他们去追求更高的标准。一个有荣誉感的男人，在真正必要的时候，会乐意牺牲自己的生命；而那些毫无荣誉感的男人，其行为往往难以捉摸。城市中那些流氓团伙的成员，绝大多数都是没有父亲的年轻人，看看他们那些可憎的行为，这些人以毁灭自己和他人为荣。

不幸的是，相对主义的文化思潮带给我们的是一个没有真理的世界（所有事情都是相对的），因此也就没有任何事情值得为之赴死。这让年轻人认为荣誉和高贵是根本不存在的，于是，愤世嫉俗和精神颓丧便大行其道。荣誉的概念在现代西方的世俗文化中已呈式微之态，但青年男性依旧渴望获得荣誉。

19 世纪 70 年代末我从军队退役后，开始为一家有名的大型夜总会工作，为在那里演出的乐队设计灯光和音响系统。在每场演出之间，我的另一项工作是给一个叫凯利的大个子看门人打下手。凯利和我一见如故，我们很快成了好朋友。我们开始一起进行高强度的身体训练，包括花大量时间举重、在晚上上班之前跑步穿过旷野。下班后我们一起玩时，也像锻炼那样毫不惜力。我们有

大把的机会，将自己打造成潇洒、健康、充满阳刚之气的男子汉。

我和凯利都来自没有积极男性偶像的家庭（凯利是幼年丧父，而我则长在一个酗酒成性的家庭），我们都下意识地对阳刚之气颇感兴趣。回想起来，尽管没有言明，我俩都在寻求某些指导原则，以使生活变得有意义和有分量。后来，我们碰巧找到了一个词，来表达我们的追求，即成为侠客。我们不断地充实侠客的含义，规定侠客应该做什么、应该避免什么，很快便赋予了它鲜明的个性。成为侠客是我们的自我追求，是我们恪守的荣誉准则，它规范了我们的行为，将我们对良好举止的追求，抹上了一层骑士精神的色彩。比如，一个侠客从来不在已婚妇女面前举止轻浮，他对自己的形象和个人卫生要求很高，他从不欺骗或撒谎，他总是保护妇女儿童，扶危济困。一次，在早锻炼之后，我们路过波特兰下城区的一个街角，发现两个十几岁的男孩正被一群歹徒围攻，于是，两个侠客好像从天而降，用铁拳痛击歹徒，打得他们落荒而逃，这一幕很像老西部片中的场景。

随着侠客名声的传播，我们开始出名了。有些人为了同我们这两个侠客亲近，甚至定期来我们的夜总会。我们并非觉得自己有多么了不起，但我们渴望遵循某些可以给自己荣誉感的准则，它使我们感到自己与众不同，并促使我们去争取更高的目标。

在我们的头脑中，侠客的传奇一直伴随着我们。凯利和我有时还会携妻子一起共进晚餐，重温我们光耀的往事。我的儿子也听着这些故事长大，并立志成为一个年轻的侠客。他也在努力探索自己生命的价值，他渴望崇高的生活，或者至少希望能追求一个更高的标准。

没有荣誉，一个男人的生活便会空洞而漫无目的。荣誉准则指引男性前进，并保护他们免于误入歧途。缺少这些生活准则，男人在做每个决策时都会斤斤计较、反复权衡，这使得他们在时间仓促时，很容易犯低级错误。

诱惑总是蹑足潜行、出其不意地攻击我们，如果我们做好了充分的准备，就不会经不起诱惑。我们应该事先便严肃地思考各种道德和伦理的选择，建立一套荣誉准则。有了这些准则，我们就不会做出那些日后悔恨不迭的选择；有了这些准则，我们在面对选择时便有了道德的底线，不会陷入左右为难的境地；有了这些准则，我们的行动会遵循原则，不为情势左右，也不受情绪影响。当男人受到情势或情绪的影响时，他们做出的选择，往往不仅伤害自己，也会殃及他人。

延伸思考

※ 对孩子而言，我们的所言和所行哪一个更重要？

※ 在培养孩子价值观时，父母的影响力是否比文化偶像更大？

※ 你认为哪些品质对男人是重要的？你是否制订了一份积极的计划以培养儿子的这些品质？

※ 为什么正直在男性生活中是重要的？缺少正直会对一种文化产生怎样的影响？

※ 你认为荣誉对男性重要吗？谈谈你的理由。

自律：在实践中学习

Self-Discipline:
Train Him Up in the Way......

我比较相信，男性如果希望成功则需要严格的约束和更高的期望。

曾几何时，我们对孩子只求其恭顺而别无他求；现今，正好相反，我们对孩子诸事苛求唯不计恭顺。

——安纳托尔·布罗雅德（Anatole Broyard）

古谚云，该出手时就出手，这里的意思是，那些事关宏旨的战斗你要格外小心地选择参与，否则将会输掉整个战争。它同时也意味着，如果你什么仗都不肯打，就会输掉战争。在养育青春期男孩时，上述原则依然适用。你应该选择参与的一项“战斗”，便是教他学会自律。自律可能是拥有高贵品格的关键所在，奥布里·安德林讲道：“男性倾向于肉体满足、感官刺激、懒散、不负责任、自私和充满恐惧。”[1] 克服这些弱点的关键在于自律。

我比较相信，男性如果希望成功则需要严格的约束和更高的期望。男孩最好的学习方法是通过尝试和失败，从经验中获得知识，因此最好是让他自己来承受选择带来的后果。由于护犊的天性，许多母亲在孩子稍有不顺时便要出手相帮，但是正如我们前面已讨论过的那样，对男孩太多的帮助将不利于他人生的成功。尽管可能经历一些磨难，但做到以下这些方面，对你儿子的成长将非常重要。

规 矩

在过去的这个赛季里，许多著名的高校橄榄球队和篮球队主教练被公众诟病并丢掉了工作，原因是，大家认为他们在训练中对球员采取粗暴的方式来加强纪律。由于不了解具体情况，我并不想为这些教练采用的方法辩护，但就我所知，如今的许多年轻人，特别是颇具天赋的运动员，在成长过程中，要么没有父亲或其他人管教，要么行事毫无规矩可言。他们不理解真正领导力的价值，或不了解尊敬的意义。这些年轻人反抗所有形式的纪律，鄙视一切权威。即使他们心中渴望纪律的约束，但他们被放任自流的时间太长了，养成了想做什么就做什么的习惯。因此任何的纪律约束，无论好坏，都使他们不自在。他们本能地抵制承担责任，变得以自我为中心并自我陶醉。一些年轻人不愿接受其他男人的权威地位和指导，这使得他们的生活陷入了困局，给自己的家人和亲友带来了许多麻烦。

培养自控能力的步骤

作家奥布里·安德林认为自控能力可以通过以下三个步骤培养：磨炼意志、祷告和禁食。下面这些步骤，可以训练你儿子的意志力：

1. 做一些不想做的事情，比如总是拖延不做的事情、洗冷水浴、倒垃圾、家务活等，坚持有规律地做这些事情。

2. 放弃自己喜欢做的某些事情，比如不看喜爱的电视节目、放弃吃零食或甜食、改掉一个坏习惯等。
3. 为自己定一个明确的目标，比如每天早起完成一项任务、每天锻炼、每天读一本书等。
4. 做些困难的事情，把目标设定得比较难一些，但又并非遥不可及。[2]

教会男孩自律是困难的，需要你的很大努力。男孩学习的最佳方式是照着榜样去学习，而不是通过说教。因此，教会孩子自律，需要你自己也要自律。迁就孩子的每一种渴望对孩子是有害的，但这并不意味着你必须严厉或气势汹汹，而是你必须对孩子经常说“不”。一些母亲由于未能给孩子提供良好的成长环境而心生愧疚，因而很难拒绝孩子的要求；对于如今的一些家长而言，督促儿子养成自律的习惯让他们感到像是在虐待儿童。但事实是，你教会孩子拥有越强的自律能力，他日后的人生便会越加幸福和健康。

多数家长觉得青春期的孩子需要更多的空间和自由，因而采取了放手的态度。实际上，这时的孩子更加需要你同他并肩作战。如果你不这样做，他将假想你并不关心他，揣测你为什么对他不管不顾。男孩尤其需要设定牢固的规矩，他需要知道规矩何在，需要知道人们对自己的期望是什么，知道这些，会使他心里感到踏实。

在孩子的青春期，规矩是必须有的，它可以帮助孩子逐渐学会自律。他也许会表现得很叛逆，但请记住，无论他嘴上说什么，事实是你如果坚决彻底地强化行为守则，男孩会感到自己被爱，并体会到自己的价值。他可能向朋友抱怨你的苛刻和强硬，但他说这些时会带着一种自豪感。我认识许多问题青年，他们都希望当初父母能多爱他们一点，能为他们制订一套行为规范以保证自己的安全。

还要认识到，你所定的规矩应是富有弹性的，可以随着儿子的成长而调整，如同你儿子总在不断变化和长大一样，置于他身上的规矩也应是动态的。要求一个 17 岁的小伙子遵守与 13 岁孩子相同的规矩，势必会招致他的反抗，甚至在最糟情况下可能给他带来心理损害。由于 17 岁的孩子已表现出了更多的成熟和责任感，对他的约束就应该放松一些，以帮助他发展决策能力和批判性思维的技巧。我们的目标是帮助孩子成为一个健全的成年人，使他能够适时地脱离我们的保护伞而独立生活。如果我们不给孩子成长的机会，那便是在坑害孩子，他未来的命运注定会失败。

因此，为了培养自律能力，所有的孩子（甚至青年）都需要明明白白的规则和行为指导，他们需要来自成人的严格约束和规范，在严格的监督和指导下，他们才得以茁壮成长。你儿子不需要你成为他的朋友，他自己有许多朋友；他需要你教给他如何取得成功，并且时常需要从你这里获取勇气。青春期的孩子（尤其是那些倔强的孩子）往往知道如何培养自己的能力:他不断同你争辩，以此来发展自己的批判性思维能力；他让你心力交瘁，因为他在练习掌握操控能力。这些都是他磨炼技能的策略。因此，丈夫和妻子团结一致是非常重要的，夫妻必须一起努力，以确保孩子有一个稳定的成长环境和一致的规划。许多离异家庭都存在一个祸患，即父母双方在各自家里各有一套不同的价值体系，孩子在轮流居住时感到困惑，不知自己该怎样做。

纪律有两种形式：内在的和外在的。我们通过施加外在纪律，来教会孩子自律（内在纪律）。施加外在纪律可以有多种形式：让孩子为自己的行为后果负责，体验延迟满足的愉悦感，明白刻苦工作与成功之间的关系，承担个人责任，等等。那些未受过良好管束的孩子，长大后往往生活苦闷且常常惹是生非。所以，当我们管束自己的孩子时，实际上是为他今后的美满生活做好了准备。

请仔细思考一下，自律是你送给儿子的礼物，他将因此受益终生，并且这份礼物将代代相传。但是，如同所有生活中至关重要的事一样，学会自律非常困难，需要倍加努力。教会孩子自律最有效的方法是：坚决让他为自己的行为和选择负责。孩子越早理解每一个决定（或回避做决定）都有与之相连的后果，他便会越早学会自律和自重，这对他今后的成人道路和家庭生活都有决定性的影响。想看看这样做的效果怎样吗？下一次当你儿子想要商店里的某样东西时，你告诉他："好的，不过你要用自己的钱来买它。"你会很快看到，当他需要自己花钱购买时，他会怎样看待他要买的东西。

做家务

我如今更加确信，男孩打小就做家务是非常重要的。无论他做家务能否得到零花钱，作为家庭的一分子，他都应该为家庭的日常运转贡献一份力量。如果让他有选择的余地，男孩通常不愿做任何家务。容忍孩子不参与家务劳动，无疑是教给他邋遢、懒惰与抗命不尊，从而养成缺乏自律的毛病。坚持不懈地完成某些任务，可以树立起终生不易的良好习惯，可以帮助男孩成为自强自立、有责任心的男人，从而履行自己应尽的责任。因此，在孩子的成长过程中，参与家务劳动应是孩子不容商量的职责。

我们在本书中已多次加以讨论，男性自尊和自我形象的建立，很大程度上来自于他们工作中的表现与成就。一个男孩如果没有学会如何工作，不知道如何成功地完成分配给他的任务，他将在日后的工作中困难重重、难以成功。既然孩子一生中的大部分时间都需要工作，那么越早学会享受工作，他便会获得越大的收益。

不过，我认为如果有可能的话，让孩子得到零用钱是极为重要的。孩子一旦拥有了零用钱，父母便有机会教他学会如何管理金钱和远离债务。一方面，作为家庭成员，承担家务是一种重要的责任；另一方面，有机会挣得零花钱对孩子也很有意义，同时还提供了机会教孩子学习许多有价值的东西，包括为买心仪的东西而攒钱（延迟满足）、储蓄以应不时之需、捐款、财务规划、了解需要与想要之间的区别等。不仅如此，孩子还能对许多物品的价值产生切实的感觉。假如孩子必须通过劳动挣钱去买某件东西，他将会珍惜那件东西，并对其爱护有加。你可能以为这都是些不值钱的东西，其实，即使是购买汽车这样的东西也是一样的。我们为孩子购买了他们的第一辆汽车，坦率地讲，他们并不特别爱惜它。而第二辆汽车，孩子得用自己挣的钱去买，令人吃惊的是，他们如此珍惜那辆车，把它保养得非常好。

另外，鼓励你儿子找机会自己挣钱。当我 12 岁时，我给人修剪草坪和送报纸，从那时起，我自己购买几乎所有的校服。在你儿子 16 岁之后，你应该坚持让他干一份兼职的工作。工作不仅能

男性自尊和自我形象的建立，很大程度上来自于他们工作中的表现与成就。一个男孩如果没有学会如何工作，不知道如何成功地完成分配给他的任务，他将在日后的工作中困难重重、难以成功。

教会孩子懂得金钱的价值，并且帮助他为日后的离家独自生活做好准备。当我和朋友上高中时，我们在快餐店或加油站工作。而在我的儿子上高中时，他参加了管弦乐队、爵士乐团、学生会和好几个运动队，并努力争取获得童子军老鹰勋章。我们允许儿子在高中和大学阶段不打工，因为我们相信他参加的那些活动都是值得的，不忍让他有所舍弃。 但事后证明我们错了，当儿子上完大学后，我们发现，迫使他去找一份工作很是困难。我们如今相信，少一些课外活动，多一些工作经验，对孩子的成长更为有益。

当你儿子年龄渐大后，我还鼓励你逐渐将一些特定的费用转由他来承担。比如，一些父母让儿子自己支付汽车保险、手机话费、服装费和汽车贷款。当然，当你儿子走出校门后，如果他还住在家中，他应该向你支付房租。这些都为他将来离开你的照顾而在现实社会里生活做好了准备。

管理金钱及信用卡

在美国，可能大多数人面临的最大问题，是如何成为一个理财行家。对于多数家庭而言，债务是一个大问题。据报道，婚姻破碎的最大原因是经济压力。每年有高达 250 万人寻求信用咨询以避免破产，平均每个进行咨询的人信用卡上的欠债是 4.3 万美元。2006 年，美国有 1.73 亿信用卡持有者；2010 年，这一数字将可能升到 1.81 亿。2009 年，持卡人所欠债务总和是 2.5 万亿美元。[3]

接近三分之一的高中学生拥有一张信用卡，但其中每 3 个人中只有一人懂得如何阅读银行的交易明细、如何平衡账户和付账

单。[4]尼利·梅（Nellie Mae）曾报道，平均每个大学生的信用卡欠债是2700美元，几乎每10个学生中就有8个人至少拥有一张信用卡，32%的学生至少有4张信用卡。[5]

一句话，拥有理财的知识和经验，会给年轻人的生活带来极大的好处。我个人有一个教训，由于不懂信用债务和信用卡的工作原理，婚后我和妻子迫不及待地第一次用信用卡购物——买了一辆新车，从此我们背上了沉重的债务负担。

大学生金钱管理窍门

1. 加入信用联盟。
2. 不使用信用卡。
3. 避免非学业性欠债。
4. 使用现金购物。
5. 及时付账单。
6. 量入而出。[6]

这个世界上有一件最令人惊讶不已的事情，那便是银行复利的威力。作为高中毕业的礼物，我们送给每个孩子一个存有500美元的银行账户，因为我们想给他们一件比手表、电视或海滨旅游更具保存价值的东西，我们同时也希望他们能够感受到复利的力量。我们鼓励他们从日常开销中每月至少节约25美元，存进各自的账户。假如他们坚持这样做，25年后，他们的账户里将累积有37871.88美元；45年后（那时他们63岁），他们将有27．3684万美元。如果他们每月存100美元，一直存45年，加上初始的钱，他们45年总共节省5.45万美元，但由于复利的原因，他们的账户余额将接近100万（98.54万）美元。

我真的希望在我初出茅庐时，有人能够给我解释一下复利的力量，那该有多好呀！

管理时间

如今的大多数年轻人都在工作、学校、朋友、人际交往和睡眠间疲于奔命。在此情况下，他们很难为一些非常有意义的活动（比如做志愿者，甚至宗教信仰）找到时间。年轻人甚至还宣称，他们很难为自己找到空闲时间。

我相信，学会利用自己可支配的时间，是区分一个人能否获得成功的关键所在。时间是一种绝对稀缺的资源，一旦流失，无法复得。然而，我看到许多人在大量浪费时间。作为一个商人，我总是坚信这样一句座右铭：时间就是金钱。这种观点帮助我建立起了时间价值，使我不会浪费时间。人们经常不解地问我，何以在如此短的时间里取得如此多的成就。我充分利用时间的能力使我能最大化地发挥潜能，取得超过许多朋友和同伴的成就。这种能力甚至还帮我克服了我的一些薄弱环节。

我多年得来的一点窍门其实很简单，但相当奏效。首先，我是计划表的信徒，如果什么事没有写在计划里，我通常是不做的。每天晚上，我都为次日要做的事或要完成的工作列一个表单，甚至那些我每天都要花很长时间去做的事情（比如写本书），我都要每天将它们列到表单上，因为我必须按表行事，否则做这些事情的时间可能被其他的事情挤占。我总是趁自己精力充沛时，首先做困难的事情或完成艰巨的任务，任何当天没做完的事情都会出现在次日的列表上（除非它们已不必再做了）。

在我们孩子成长的过程中，每个新年夜，我们都要举行一个盛大的家宴。席间，我们彼此分享每人写就的来年要取得的目标列表，我们鼓励孩子们把自己的列表张贴出来（比如贴在盥洗室

的镜子上），使他们在一年中能经常看到自己的目标列表。我们还会回顾各自上一年的目标单，看看哪些我们完成了，哪些没有完成，并分析没有完成的原因。写下自己的梦想和渴望，每天加以温习，这样似乎具有魔法的力量，常常使梦想成真。也许是心理激励作用影响了我们的潜意识，使我们决心努力工作、完成目标。

其次，多数人不能取得很多的成就，是因为他们的计划过于宏大，弄得全然不知如何下手。例如，成百上千的人每年都对我讲他们想写一本书，但只有极少的人真正写了出来。并不是因为他们不能写书，而是因为写书是件艰难的工作，需要大量的刻苦劳作，对于一个如此巨大的任务，他们甚至不知从何下手。实际上，假如要等到万事俱备才开始的话，你便永无开始之日。这时需要的是坚忍不拔的精神，就如同一个老问题："如何吃掉一头大象？"答案是："一口一口地吃。"

通过观察一个人如何使用他的时间，我总能知道他把什么放到了优先的地位。例如，一个人告诉我他实在太忙了，没有时间返回学校去获得学位，但我看到的是他花了大量时间玩电子游戏。显然，他实际上有时间去上学，只是他将玩游戏置于更优先的地位。从个人角度讲，我不在乎人们怎样打发他们的时间，但使我心烦的是，他们总用太忙作为借口，来为他们想做却总做不成的事情开脱。

如果你儿子知晓浪费时间和珍惜时间之间的区别，他将远远超过这个世界上的大多数人。珍惜时间并不意味着不花时间去娱乐，只是他必须清醒地意识到，一天只有 24 小时，他必须为完成自己的目标合理地划分出足够的时间来。

当然，那意味着他须得确实拥有目标。许多年轻人全无目标和梦想，只是漫无目的地随波逐流，然后有那么一天，他们醒后禁不住想："我怎么到了这步田地？"

作为父母，我们的一个主要目标是帮孩子做好必要的准备，使他们将来能够闯荡世界，过上充实、成功、幸福的生活。那些能够有效利用时间的人，往往会充实、成功、幸福得多。

延伸思考

※ 为什么自律非常重要?

※ 请举一些实例来说明教给年轻人自律都有哪些方法?

※ 你是否有固定的家务活需要你儿子长期坚持完成?

※ 你是否教过孩子如何管理预算？他知道信用卡是如何工作的吗?

※ 有什么方法可以教你儿子学会如何管理他最宝贵的财富——时间?

Chapter 12

领导力：教你的孩子成为领导者

Leadership:
Teaching Your Son to Be a Leader

有什么样的期望，往往就有什么样的结果。我以为，对男孩设定较高的期望值是非常重要的，为什么我们不唤醒他们对伟大的渴望呢？

不要盯着自己已取得的成就，要想到以你的能力还应该取得哪些成就。

——约翰·伍登（John Wooden）

我想，所有的母亲都希望自己的孩子长大以后可以成为领导者，成为家庭强有力的领导者，成为所在社区的领导者，成为信仰道路上的领导者。我相信领导力是需要培养的，而非天生就有。但是，要想教孩子成为领导者，需要父母刻意而为。当你制订培养计划时，请考虑下面这些因素。

设定高标准

请记住，有什么样的期望，往往就有什么样的结果。我以为，对男孩设定较高的期望值是非常重要的，为什么我们不唤醒他们对伟大的渴望呢？一个商界的规律是，雇员最多只能达到雇主期望的 75%。那么，我们有什么理由降低期望，令我们的孩子成为泛泛之辈呢？

不幸的是，我们的文化不仅对男性的期望值很低，而且好像还热衷于摧毁男子气概。在很大程度上，除了经济独立以外，社会对男性似乎别无所求，对他们的成就也不抱期望。保罗·库格林曾经这样评价："男子气概的消失和人们对它的偏见与拒绝正在击垮男孩，我们的文化告诉男孩，传统的男子气概是糟糕的，那样的男人是愚蠢的，理应遭到厌恶、轻蔑与嘲笑。然后，我们又期望孩子长大后，成为荣耀、完整、勇敢的人。"[1] 如果你对此种说法还存有怀疑的话，只要看看那些电视剧或广告片就行了。

真正的男子汉愿意为他人的生活负责，为他人提供保护和生活支持，并领导那些他能影响到的人们。但是我们如何才能教会孩子去承担那样的义务？如何才能培养出坚定的意志去履行那些职责？

纵观历史，在许多文化中，男孩都要赢得某些资格才能被接纳为男人，他要克服种种困难的挑战，或通过某些充满危险的入会仪式。这个成人过程涉及初始仪式、典礼、庆典，这些仪式通常都在男性长者的监督之下。在仪式中，往往会教给男孩一些饱含人生道理的警言和指令，教育男孩履行好男人的角色，承担起人生的责任。

教会男孩对他人富有同情心非常重要，可以帮助他长成一个健康的男人。以我养育两个孩子以及同其他孩子一起相处的经验看，青春期的孩子对于世界的看法常常充满了理想主义，对无处不在的不公正深感沮丧。有句名言说："假如你 20 岁时不是个自由主义者，你就没有心肝；假如你 40 岁时不是个保守主义者，你就没有脑子。"年轻人理应为贫穷、迫害、欺凌等行为感到义愤填

膺，那种愤怒证明了他们拥有良心，他们比如今许多麻木、冷漠、自私的青年（和成人）强过百倍。可惜，当今社会教唆孩子相信，自我满足和自我陶醉才是最值得追求的目标。

让我们注意一些需要警惕的因素，并关注哪些活动对孩子充满了教育意义。

激发异象

托尼·罗瑞（Tony Rorie）是德州达拉斯城“光荣的男人”项目的创始者。这个项目的设置是用来教育和培训11~17岁的热忱基督徒，使他们成为下一代的领导者，成为有骑士精神、有荣誉感、正直、高尚和勇敢的领导者。他们的培训包括：训练营、研讨会和课程讲解。训练营为周末聚会，年轻人要经过入营仪式、领导力开发训练、与圣灵相遇等活动，其中最重要的活动是，由男性长者给没有父亲的男孩送去“父亲的祝福”。训练营的毕业生每周相聚一次，参加以课程学习为主的辅导小组活动，学习科尔博士的“男人的研究”课程，教授他们懂得男子气概同基督的形象是相仿的。项目创始者相信，成为男性是生育的结果，成为男子汉则是选择的结果。托尼在最近的一次毕业典礼上发表了以下强有力的讲话：

当这代人出生时，出现了三派人：先是上帝，他会按照孩子将要履行的使命来给他们命名，称呼他们为百战百胜的斗士、伟大的拯救者、忠实的仆人、得胜者、黑暗中的光；接下来是他们的父母，称呼他们为道尔顿、丹尼尔、詹姆斯、劳伦、乔丹；然后敌人出现了，称呼孩子为瘾君子、黄贩子、自杀者、艾滋病人。

这一代人将选择这三类名字中的两类，你们将怎样选择？这一代孩子中有36%的人今早醒来时，在家中没有他们的父亲。无论是谁抓住了下一代人的心，都将会为他们命名。现代的兜售者已谋划良久，敌人已开始行动……去杀、去偷、去毁灭。这些力量都不惜代价地去实现他们的计划。

我们决不动摇，我们将不惜一切代价让上帝的计划照亮年轻人的心灵。他们按照上帝的形象而创造，焕发着上帝的荣光；他们是世界的变革者、王国的建筑者，是万王之王有能力的仆人！

加入我们这代人的追求吧，为光荣的男人祈祷！我们为青年创造了改变生命的机会，通过耶稣基督，让他们听到生命的福音，看到自己作为世界变革者的使命和潜力，然后昂然起立成为领袖。[2]

如此强大的男性传统传递给了一群正要迈进成人世界的男孩，所有的男性，无论年龄大小，都渴望卓越，他们渴望为神圣的事业而战斗。年轻人奔赴战场不是为了杀戮和被杀，他们想要参与崇高的战斗，他们希望世界知道他们的存在，上帝创造了他们，让他们来保卫世界的安宁、和谐。

当我们教育儿子应该将自己令人敬畏的男子力量用于高贵的目的去扶助他人时，我们便教会了他定义自己生命的能力。我们将男孩天性中对竞争、攻击和非凡事物的渴望，疏导进了健康而富于建设性的航道，世界上还有许多战斗需要男人们同男孩们团结一致去加入其中，去战胜诸如贫困、儿童虐待、滥用毒品和酒精、文盲、性奴役、贩卖人口、父亲缺失、暴力等诸多恶行。如

同昔时的男人冒险进入蛮荒的大陆，到凶险的土地去探险，去征服难以征服的野蛮，我们需要给今日的青年以投身冒险事业的高贵理由。如果不能激发男孩们心中的异象，他们的生活将了无生气。

传递男人的重任（成人礼）

一个青年如果在成长过程中缺少必要的指导，便总像是一个在不断寻找自我的男孩，既然当今社会没有专门的仪式去教育指导男孩迈入成年之门，他们便往往只能自己去思量如何成为一个男人。一些男孩认为，第一次喝酒便标志着进入了男人时代；另一些男孩却以为，失去童贞才算成为男人。在一些极端的情况下，帮派常常要求新成员经受某些仪式的考验，包括殴打、偷盗、强奸，甚至凶杀。这是多么令人可悲和绝望啊！一个人为了获得一丝归属感，竟要夺去其他人的生命。[3]

约翰·埃尔德雷奇称那些从未被指导参与成人礼的男孩为“不完全男人”，他们的外表是男人，而内心却仍是男孩。有时候他们甚至能够履行好工作和家庭中的角色，但是对于这些男人而言，长大成为男人的过程从未完成，这些男孩从未经受过成人仪式的锻造。这就是为何许多男人被埃尔德雷奇称为“不完全男人”的原因。[4]

在经典著作《养育现代骑士》里，罗伯特·刘易斯（Robert Lewis）采用了中世纪的骑士传统作为样板来训练男孩进入成人时代。每一次，男孩经过训练都具备了男子汉的世界观，他们恪守道德原则，拥有生活的目标。男孩先从侍从做起，然后是骑士扈从，最后成为骑士。通过一层层的训练，男孩建立起了光荣的骑士信条。在每一个阶段，都会有仪式来庆祝他们的成就，标记他们的进步。等到他们成为骑士时，他们对男人的责任和生活的道德都有了清晰的概念。换句话说，他们知道男人是什么，因为他们经过了令人敬重的男人们多年的训练和教导。或许这个过程最重要的部分是，另一个男人（或一群男人）举行典礼，将男人的重任放在他们的肩上。

刘易斯这样说：

典礼是极其特殊的经历，它们编织起人类社会的结构，婚礼、颁奖晚宴、毕业典礼，你成为童子军的日子，或者加入某个社团的时刻，因为典礼我们才能牢牢记住。回想你生命中那些重大的时刻，每一幕珍贵的记忆，皆印刻在一个个典礼之上，鲜有例外。有人花时间策划细节，有人准备演讲，有人购买奖品，你因此而感到非比寻常。在帮助男孩成为男人的作用上，典礼堪为皇冠上的宝石。历史中有许多文化，青春期男孩都要经过一个特别的仪式，才能正式成为成年的男人，我认为这种典礼的丧失，是今日西方文明的一大悲剧。[5]

典礼或仪式对所有孩子都很重要，对男孩尤为重要。在我们的孩子建立自己的信仰时，他们不仅会受到我们的影响，也会受到他人的影响。请记住，其他人可能会影响你的孩子，如果你不能完全影响你的孩子的话，至少应该让同你价值观相同的人来影响他。

在我儿子的成长过程中，我们几个男人将罗伯特·刘易斯在《养育现代骑士》里的方法稍作修改，为孩子们设定了一个项目。该项目围绕着四个A来展开：Acceptance（彼此接纳）、Affirmation（肯定相互鼓励）、Accountability（对别人有责任）、Authority（服在基督权柄之下）。在研究了《圣经》的相关章节之后，我们制定了一套“骑士的道德规范”，强调：领导力、自律、善良、坚忍、纯洁、正直、谦卑和忠诚。我们每一位父亲都给每个孩子一张自己的名片，鼓励孩子在需要时随时联系我们中的任何一个成年人；我们每个月用一个星期六的早晨来研习，然后一起吃早饭;我们还尽量在每个季度安排一次全体的外出活动（滑雪、漂流、野营）。有6个孩子完成了为期两年的项目，他们都长成了出色的年轻人。

罗伯特·刘易斯的男子汉原则

1. 一个真正的男人拒绝被动：他抗拒自己天生的在社交和精神上的被动性。
2. 一个真正的男人承担义务：他勇敢地承担起让家庭和求助者幸福的义务。
3. 一个真正的男人勇于领导：他勇敢地依据事实领导，不向自己的感情投降。
4. 一个真正的男人渴望伟大的回报：他愉快地履行自己的职责，因为那会给他带来回报。[6]

在不同的阶段，我还和儿子举行了几次个人典礼。例如，在儿子12岁时我带他去享用晚餐（在大多数典礼上，食物似乎都是重要的组成部分），我送给他一个纯洁的戒指，并和他谈论在即将到来的青春期中他面临的种种挑战。

当我的儿子从高中毕业时，我决定举行一个典礼，让他迈进新天地后仍会牢记。在典礼前的几个月，我联系了 6 位虔诚的成年男子，请他们祈祷上帝，请上帝带领他们将赐予他们的经历分享给一个即将走出家门的孩子。在儿子毕业典礼后不久，我在一家餐馆的后堂租了一个包间，同儿子以及那 6 位成年男子一起举行了一次晚宴。这些男人轮流上前，当众向我的儿子讲述自己曾经犯下的错误、自己的遗憾所在，以及渴望有机会重做的事情。他们分享了自己作为男人、父亲和丈夫经历的喜悦和心酸，当他们分享自己灵魂深处的情感时，他们的脆弱如此打动人心。随后，我起身对儿子说出了我对他的梦想，提出了人生的忠告，我给了他作为父亲的祝福，正式开启了他迈向新天地的道路。

我将整个晚餐的过程录了相，以便儿子将来能反复观看。那一次，整个仪式对其他男人的冲击可能比对我儿子的还要大，但是随着儿子的长大，这些忠告将弥足珍贵。我想在他结婚时再举行一个类似的典礼，我将聚集一些婚姻美满、长久的男性，让他们将自己家庭和爱情方面的真知灼见传授给我的儿子。

当我们设计并筹备典礼，以此来标注孩子成长的一个个脚印时，我们的男孩将受益终生。这些典礼告诉孩子们，他们在成为男人的道路上会稳步前进。这些典礼是一座座里程碑，通过它们，男孩可以追溯自己的进步，可以明白前面的旅程还会遇到什么。这样便杜绝了迷茫，他们自此无须再向自己和他人证明：他们是男人。

成为一个有效的领导，男孩必须经过许多年长男人的训练。

培养批判性思维的技巧（解决问题）

也许一个人（尤其是领导者）所能培养的最重要的能力，是在思考问题时能够辨别出重要的部分而不为细枝末节所分神。你儿子需要学会区分事实和意见，需要学会如何进行信息的比较。我们经常遇到这样的情况，重要的问题被各种情绪和花言巧语所荫蔽，再加上现代科技使得从网上获得信息异常容易，让人很快便觉得掌握了事实。举个例子，那些书本、杂志或报纸上印刷的“事实”，如果没有精密的注引和严格的研究支持，也仅能算是印刷出来的意见。在这一点上，电视中的新闻节目尤其声名狼藉。

假如你不想让你儿子为政策、错误信息或他人的意见所左右，他便需要培养出良好的批判性思维的能力。

那么，如何培养出孩子批判性思维的技巧呢？如何让他成为一个学以致用的问题解决大师，而不是一个读死书的庸才呢？这里有一些基本的方法，但我鼓励你有意识地创造出自己的方法。首先，也许是最困难的，允许你儿子在并不紧急的情况下，对问题进行争辩和争论。你的孩子正处在理解力发展的阶段，他需要明白如何用批判的眼光多角度地看待事情。你会注意到，有时候如果你赞同他的观点，他甚至会在辩论中切换自己的观点，从相反的立场进行争辩。另外，有时也许会令你感到不胜其扰，即你要允许他提出许多问题。提问意味着孩子的思维活跃，正不断探寻相关信息和知识。

鼓励孩子的逻辑性思维，鼓励他尽量运用实例推导出逻辑性结论。例如，有些人在否认地心引力时说得头头是道，但假如让他从楼上跳下来试一试，他一定会砸到地面上。逻辑可以剥离争论中的感情成分。同样，要允许孩子对问题深思熟虑，不要迫不及待地马上给他答案。要记住，男性大脑处理信息的时间要比女性长一些。

可以在孩子面前通过语言展现自己的思考过程，这样他就能看到和听到你是如何破解迷局、找到解决问题的方法的。最后，总是给他以挑战，让他能够看到事物的两面性，如果你只顾及一面的意见，你就无法真正理解那个问题。我学过的最富教育意义的道理是，如果你不穿上他人的鞋走路，你便无法理解他人的痛苦。懂得这个道理，将令他日后的人生受益匪浅，因为那时他已成家立业，面对的问题很少再是黑白分明，而是充满了复杂的灰色阴影。

培养领导者

不求担子轻，但求双肩壮。

——西奥多·罗斯福

我们的社会文化正在失去它最宝贵的资源——男性领导力。青年男子成长在一个充满怀疑的时代，他们发现很难在不引起某些人愤怒的情况下，锻炼自己的领导能力。[7]

文化是家庭和社会关系存在的保障，而一种文化缺少稳定健康的男性权威和男性领导力时，就会引来动荡不安。健康的男性领导力会保护弱者，它的影响与力量为弱者提供安全、鼓励和支持。

一个健康的男人在责任面前不会退缩，他会带着“我能”的态度去承担任务。当他遇到困难或处境艰难时，既不会牢骚满腹也不会抱怨不停。他把供养家庭当作男人的职责，他为自力更生而自豪，他勇挑重担而不会面对责任时愁眉苦脸。奥布里·安德林讲道，当他的妻子离开父母同他一起生活时，他勇于担当的态度增强了妻子对他的信任。[8]

男孩需要听到诸如强壮、勇敢、高贵和才华横溢等字眼，以唤醒他成为领导者的责任感；他需要生活中有成年人用坚定的语言激发他们自愿担起领导者的责任；他需要有人教会他享受责任和荣誉带给男人的满足感。

我很幸运地看到了自己的培训工作产生的成果。很多人经常与我联系，对我说我的工作改造了他们，改变了他们和他们家庭的生活，这使我体验到了无限的满足，并感到了重担在肩。许多认识我的男人都用嫉妒的眼神看待我的生活，但他们却都不愿做出牺牲或承担必要的风险来取得我那样的成就。我们需要在男孩幼小的时候就激励他，让他相信“天生我才必有用”；我们需要尽早训练他成为领导者，并准备好去承担领导者需要承担的责任；我们应该有意培养他具有更为高远的人生目标，而不是仅仅听命于生活的摆布；我们需要激励他使用天赋的才能和力量去革新我们的世界。

当我们做到这些时，不仅男人将再次成为男人，世界也因此变得美好。

能够激发领导力的活动

有许多活动都应该鼓励男孩参加，以帮助他培养健康的男子气概，培养他的同情心和领导力。也许，最为重要的是鼓励他去帮助他人，特别是对青春期男孩（往往生活在以自我为中心的环境里），这可以去除他对自己的过度关注，从而去关怀那些不幸的人们。拥有同情心、感到对他人承担着更大的责任，是一个男人需要发展的重要品质。

那么，什么样的活动可以推动男孩长大成人，可以教会他诸如力量、勇气、坚忍、尊敬、怜悯和同情等重要品质呢？是否有某些经验可以使男孩成熟，并学会必要的东西以成长为健康和卓有成效的男人？答案是肯定的！事实上，这些方法数量众多，难以在一章中全部讨论。我将提到一项在我的生命中起到显著作用的活动，因此，下面提到的方法主要出自我的经验。其他男人可能会对别的活动有与我相似的体验，因而男孩有必要在生活中接触数量众多的男人，因为所有的男人都是不同的，而所有的男孩又有各自不同的环境。

女性（尤其是母亲）对人类的心理有更好的洞察力。因此，我鼓励你仔细思考一下什么经验对你儿子更加有益，使他可以培养出那些成功必需的品质。

一个青年如果在成长过程中缺少必要的指导，便总像是一个在不断寻找自我的男孩。

体育运动

美式足球就像生活一样，它需要坚忍、忍耐、苦干、牺牲、奉献和尊重权威。

——文斯·隆巴迪（Vince Lombardi）

许多男性（少年或成年）都因各种各样的原因被体育所吸引。体育提供了一个释放体能的途径，令男人可以在一个健康的环境里相互竞争；体育还提供了一个展现身体的途径，让男人陶醉其中；体育教给男人学会尊重权威、自律、团队合作，甚至同情和敬重值得敬佩的对手。对于很多男性而言，体育甚至是一个表现创造力的途径。最关键的是，体育帮助参与其中的人培养领导者的品质。

通过教育男孩平等的观念（这是成为领导者最重要的品质），体育跨越了种族和文化的差异。当人们肩并肩努力工作，在白热化的对抗中彼此掩护时，他们很难相互仇恨。我参加过篮球联赛，其中不同种族、肤色、民族和文化背景的人们相聚一处，包括黑人、白人、拉丁人、穆斯林、基督徒以及无神论者。文化和信仰的差异被搁置一边，让位于激烈的竞争带来的愉悦。

天性中的竞争对男性的成长至关重要。那些参加有组织的体育活动的男孩，比那些不参加的男孩更少吸毒、参与帮派和敌视社会。[9] 年轻的成年男性极富运动能力，通过参与体育运动，他们感受自己的力量，将自己推至极限，感知自己的身体，磨炼自己的性格。体育为他们提供纪律约束，他们需要团结其他人一起通过体育竞争的考验。多数年轻男子不仅仅视体育为一个宣泄体

力的途径，而是将体育作为了解自己的途径。

体育运动有一套人人必须遵守的明确规则，在规则面前人人平等。这些规则设定了界限，明确了违犯的后果，每个人都必须遵守。男孩知道，当他犯规时就会有一项惩罚相随，毫无例外。在这样的系统下，男性颇感如鱼得水，尽管妈妈们有时会觉得判罚不公，但男孩知道规则必须认真遵守，他们实际上对那些规则的限制感觉良好，一视同仁是对每个人最大的公平。因此，如果你做不到言出必行的话，就不要在管束孩子时出言威胁。男孩愿意承担正当的后果，但如果允许他明知故犯，他就会养成蔑视权威的毛病。男性需要生活在规则之下。

规则的存在允许男性更好地发挥自己的长处，对抗甚至战胜那些更具天赋的对手。例如，我认识许多球员，他们在身体条件上不如对手，但由于他们有超强的思维能力、超强的抗压能力或超强的比赛能力，他们仍能成为出色的球员。这些都教育男孩懂得，解决问题的方法从来不止一个，仅仅因为你在某一方面不够有天赋，并不意味着你要停止尝试，你可以发展个性和技术方面的突出特点，以补偿自己的不足。那些学不会这种能力的男孩，在日后的生活里将会退缩或不敢尝试许多东西，因为他们害怕失败的羞辱和被人视作无能。但是，克服自己明显的弱点需要勇气、坚忍、智慧和刻苦耐劳，以及这些品质带来的持续终生的快乐与自信，这将是男孩需要学习的最强有力的能力。

体育还可以鼓励你儿子在生活里设定不断挑战的目标，体育激励孩子去取得那些他曾经望而生畏的成就，体育让孩子认识到培养自律及自我激励的重要性。太多的男性在生活中寻求捷径，这对他们极为有害。奥布里·安德林这样描绘这些人的损失：“当男人接受具有挑战性的目标时，他便给自己赢得了增强男子气概的机会；而在避重就轻、逃避责任的时候，他也丧失了自我发展的机会。避重就轻令男人软弱；相反，追求更高的目标，承担更大的责任，挑选更艰难的道路，可以令男人更加坚强……通常，稍微逊色一些的表现已令父母、朋友或亲友满意了，但内心高贵的青年却不能满足，他们必须全力以赴才能令自己满意。”[10]

男性服用促蛋白合成类固醇带来的风险

- 睾丸收缩
- 痛尿
- 乳房发育
- 阳痿
- 不育
- 谢顶
- 前列腺癌风险增大
- 青春期发育迟缓[11]

另外，体育教给了男孩有关胜与负的宝贵经验。体面的胜利会赢得对手的尊重和认同，而拙劣的胜利只能遭到同伴的责难；有尊严的失败可以培养孩子健康的谦卑感，这是男人非常宝贵的性格要素。失败，然后尝试东山再起，这是一种宝贵的人生体验，它教会男性坚忍不拔的性格，让他们在今后的生活中受益，帮他们渡过生活中的艰难险阻，并维持婚姻的稳固。

不过你要注意，如果你儿子是一个运动员，你必须花时间搞清楚他正在吃哪些东西。如今的趋势是，很多年轻运动员都服用兴奋剂以增加竞争能力，如类固醇、生长激素或其他鲜为人知的药品，或者有时服用这些东西仅仅是为了显得合群。

促蛋白合成类固醇是一类人造激素，与男性睾酮激素相似，除非有医生的处方，否则便是非法使用。这类激素通过模仿体内激素的作用效果，刺激肌肉组织的生长，从而提高人体的力量、

耐力和肌肉体积。大量和长期服用兴奋剂会造成健康危害，引发诸如癌症、心脏病、中风和肝脏问题，其他副作用还包括过早的头发脱落或谢顶、情绪波动（愤怒、抑郁、富于攻击性等）、偏执（狂躁、神经错乱或自杀等）、高血压、颤抖、身高缩短，等等。[12]

甚至那些合法的非处方药，也可能含有一些对身体不利的化学成分。科技的进步不断给我们带来有关这些药物副作用的信息，但不幸的是，测试技术的发展总是滞后于新药开发和销售的速度。

我自己进行过举重训练，并在一生的大部分时间里参加体育运动。我曾服用的唯一药物是一种天然的蛋白质液剂，用以帮助肌肉的自然增长，并加快运动后的体力恢复。多年来我还一直作为中学运动员的教练。我不是医生或者营养专家，但是我非专业性的意见是，如果一个高中运动员没有健康问题的话，他不需要服用任何其他的东西，只需保持日常平衡、健康的饮食即可，其中包含所有美国膳食健康组织推荐的营养素。不过，特定体育项目可能需要调整营养素的摄入量，以满足该项目对身体的特殊需要，但兴奋剂永远不应包括在内。

你应该调查所有你儿子想要服用的产品。不要听信他的一面之词，甚至在没有咨询医生或健康专家之前，不要轻易接受教练的许诺和对某一产品的推荐。我的经验是，尽管有一些教练非常优秀并且知识丰富，但大多数的高中教练不过是想挣额外收入，他们甚至比许多家长知道得还少。还有，尽管多数高中运动员的家长都认为自己的孩子表现优秀，足以获得大学的奖学金，但实际上，只有很少一部分孩子最终获得了奖学金。再有，从大学运动员转成职业运动员的人更是寥寥无几。因此，你儿子身体的长期健康更为重要，不应为短期所得而冒牺牲健康的风险。从长远看，这些短期所得不会给孩子带来任何好处。

在培养你儿子的内在品质以成为健康的男人和领导者的道路上，体育只是许多手段中的一种。我知道，许多男孩并不迷恋体育运动，我的儿子获益最多的是一些非体育活动，如乐队、学校管理和童子军等。其他活动还可以包括棋类俱乐部、校报、合唱团、艺术或戏剧表演等，所有这些都能帮助年轻人成为领导者。这些活动和其他许多活动（选择的多少全在你的想象力如何），都可以教孩子学会认真负责、尊敬权威、努力工作、坚忍不拔、团队合作等能力，这些都是成为领导者必需的品质。这些活动为你儿子提供了机会，以培养自己的领导能力。

理解那些对领导力的培养至关重要的品质，同时为他的心灵成长打下良好的基础，这将帮助你儿子跨越横亘在男孩世界和男人世界之间的鸿沟。要知道，许多男人终其一生也未能跨过去。

延伸思考

※ 你如何帮助儿子在生活中成为有效的领导者?

※ 为什么我们对孩子的期望非常重要?

※ 为什么典礼对年轻男子的人生很重要? 你将如何准备典礼以纪念孩子少年时代的结束以及成年时代的开始?

※ 为什么男性的领导力很重要?

Chapter 13

追求我女儿，你儿子需要知道的事情

Things Your Son Needs to Know to Court My Daughter

当我们不让孩子吃苦，让他轻易得到任何想要的东西时，我们其实在灌输给他对生活不切实际的幻想。

那些未经姑娘父母同意便擅自追求的男人，就连最胆小的人也会出手割掉他的耳朵。

——亨利·伍德芬·格雷迪（Henry Woodfin Grady）

当我女儿接近婚嫁年龄时，我花了大量的时间去遐想，在女儿婚礼上我给予祝福的小伙子将是何种类型的人（不过，我大概在这件事上没有太多选择的余地）。除了在第10章描绘的性格特点外，一个年轻男子如果想要成功并过上堪为典范的生活，还应具备其他一些品质。当我女儿还是个青春期少女时，我视这些品质为追求她的男孩必须具备的。现在，我为那个将要娶我女儿的男人该具有哪些品质而绞尽脑汁。

这里是我为她设计的完美男人的特点。我想要的那个年轻人应该充满自信，他相信自己而不是狂妄自大；他有礼貌却不巴结奉承；他善良、有爱心和同情心但并不女性化；他睿智但并不是一个全知全能的家伙；他对重要的事情充满热情但并不痴狂；他对生活有计划但并不沉浸其中而执迷不悟；他工作努力却同时将家庭放在首位；他是一个领导者而不是一个耳软心活的人；他潇洒而不是漂亮；他有潜力和愿望不断学习和成长。

我想象着这样一个青年，并很自然地想到了自己，也许那些愿望都是不现实的，或者也许这些特点是我在下意识中希望自己拥有的。

作为一个男人和一个女儿的父亲，我熟悉所有的男性对待女性的行为标准和潜规则。于是，我有义务尽可能地保护自己的女儿。当她上高中时，我用了几种方法来保护她。既然第一印象非常重要，我在第一次遇到她的追求者后总想留下一个尽量持久的记忆。除了怒目而视和在握手时用力攥着他们的手以外，我还引进了那个恶名远播的“同父亲一起吃午餐”的规则，我相信这个规则是在我女儿上高中时开始流行起来的。如果一个男孩看起来想要同我女儿有进一步的接触，我女儿就会顺理成章地告诉他，追求她的一个条件便是：男孩需要给她的父亲打电话，安排一个一起吃午餐的时间。这一招将吓退许多意志脆弱或从来不做好事的小伙子。这种午宴也给了我机会去评估那些男孩的性格，发现有关他们背景的种种事实（如有必要，我将进行追查），同时言明追求我女儿的规则。

虽然不是所有来家里（或背地里盘算）约会我女儿的男孩都表现出某些或全部以下将提到的特点，但我始终存有一个标准男人的理想。我女儿如今已经成年并搬出了我们的房子，不过，当她在考虑嫁给一个男人时，我希望她能固守这些指导原则。

在回复一些青春期男孩母亲的来信时，我列出了一份年轻人特性的详单。对于那些想要约会我女儿的年轻人来讲，我认为这些特性都是非常重要的，我想大多数的父亲（和母亲）都会赞成我的观点。

努力工作

我们没有教给男孩去珍视努力工作的价值，这是我们培养中的一个重大失误。我相信，男人对自我形象的感知，很大程度上是由他从事的职业和工作方式创造的。

通过工作，父母同自己青春期儿子的许多问题都可以解决。给你儿子分配一些家务活，让他找一份课后工作，或者让他的身体忙个不停。总之，如果你能让他在睡觉前无论精神还是身体都疲倦不堪的话，他便很少再会惹你烦心，也不会再给你捅一大堆娄子，或者在性问题上搞出乱子。军队很多年前就发现，要想杜绝军营里的打架斗殴和对女人的朝思暮想，便要让数以百计的年轻士兵每天都忙得筋疲力尽，到了晚上头沾枕头便呼呼大睡。

有些家务活是男人的专属，可以增强男孩的技巧和本领，通过出色地完成这些家务活，男孩能够培养起自信心和胜任工作的感觉（这种感觉会增强他的自尊心）。男孩学做这些家务活时，最好有父亲或成年男性的指导。男性专属的家务活包括：搭建东西，园艺工作，粉刷房屋，修理屋顶，修汽车，修房屋，搅拌水泥，清理管道，等等。为了出色地完成这些工作，男孩需要运用他的双手，释放他的肌肉力量，挥洒额头的汗水。通过这些体力劳动，他的身体强健了，他的肌肉坚硬了，他的体力和耐力增加了。就像西奥多·罗斯福，他原先是个病恹恹的孱弱男孩，通过艰苦劳动和自律，他把自己变成了一个体力过人、成就无可比拟的男子汉。

如今，太多的父母（尤其是母亲们）对孩子带有愧疚感，他们希望孩子过得快乐的愿望盖过了他们的直觉和基本常识。为人父母并不是千方百计让孩子高兴，而是要帮助孩子成长得更加坚强，为长大后的成功做好准备。对孩子随时让步，允许他所有的异想天开都得到满足，只能使他的生活观被扭曲。生活并不公平，也并不特别关照你的孩子，你儿子越早学到这些，他便越能轻松地调整心态应对现实。

我刚刚成年的儿子弗兰克（在我写这些文字时他 23 岁），显然工作很努力，他既做全职工作，又做兼职工作，并为有能力维持稳定的工作而感到高兴。但是，他轻易地（甚至心急地）承认，他厌恶任何需要流汗的活动。正因如此，他失去了那种仅凭双手之力从无到有创造东西带来的快乐与满足感。男人运用自己的聪明才智，通过挥汗如雨的艰苦工作而取得的成就，会建立起他们心中的自尊，而我的儿子却放弃了这样的机会。

男人是体力充沛的动物，他在运动时处理信息会更加流畅；他通过取得的成就建立自尊；他疏导攻击欲望的方法是参加健康的体育活动。没有家务劳动和艰苦工作，年轻人会转向那些只需终日静坐的活动，这会使他们四体不勤，最终磨灭了他们情感与精神的健康。

同情心

几乎所有男人都能忍受苦难，但假如你要测试他的品格，那就授之以权力。

——亚伯拉罕·林肯

去年，有一个十八九岁的男孩参加我们举办的“单身母亲之

家夏令营”，他来自一个有严重暴力问题的家庭。正因如此，他到营地的头一天，就不断挑逗那些年幼的孩子，表现出毁坏性的习性。第二天早晨，他随一组孩子在导师们的带领下去钓鱼。他起先非常不情愿去钓鱼，每钓到一条鱼都想赶紧放掉，而且无论怎样向他解释营地的规则——不许把鱼放掉，自己吃自己抓的鱼——他都不肯收拾鱼的内脏和将鱼清理干净。最终，一个导师终于让他说出了如此行事的理由，他说：“我不能杀死那些无辜的鱼，它们毫无过错，理应活下去。”这可能是他内心深处对自己生活经历的一种折射。后来，同组中最小的孩子被分配去完成清理鱼的任务，那小家伙干得津津有味（这件差事还提升了他在组里的地位）。在夏令营余下的时间里，那个大男孩一直若有所思，他显得平静、温和了许多，对其他孩子也非常友善。这次经历唤醒了他内心深处的同情心。

令人惊异的是，另一项有助于男孩感情发展的健康运动是打猎。普遍的观点可能认为，杀害动物（打猎）会滋长男性的暴力和残忍。但研究显示的结果却恰恰相反。实际上，狩猎可以培养人们对生命的尊重，还能培养男性的其他美德，诸如慷慨、坚强、尊敬、耐心、谦卑和勇敢。

据著名的家庭治疗师和畅销书作者迈克尔·古里安所言，尽管听起来似乎有些矛盾，但打猎确实能使男性更加富于同情心，能够培养他们的责任感和公正之心。除了战争，打猎是学习这些优良品质最为有力的方法。古里安相信，在导师的指导和训练下，健康、安全的打猎活动实际上带给年轻男性一种全身心的体验，使他们不再愿意卷入暴力活动。相反，从充斥暴力的电子游戏里，男孩得到的体验是片面的，不能反映暴力给真实的生命带来的后果和死亡，从而更加迷恋暴力。同时，打猎还可以培养孩子掌控自己和控制冲动的能力，这对建立良好的自尊大有裨益。古里安接着说道:“狩猎已被广泛证明在教育青年男性（尤其是那些我们认为有暴力和犯罪倾向的青年）上有极大的作用。通过打猎活动，年轻人的注意力转向了城市里见不到踪迹的野生动物身上，因此他们会用新的眼光看待一支枪，学习将枪用到打猎当中去。正是采用了这样的方法，我们在爱达荷州青年农场等地的一些项目中取得了成功。在那些地方，男孩们都是狠心的‘罪犯’，不过他们杀死的是一头动物，然后他们搂住它开始哭泣。”[1]

兰道尔·伊顿博士是一位获奖作家，也是一位在野生动物保护领域具有国际声望的行为学专家，在最近的一次谈话中，他告诉我:

“打猎对于男孩是最具有转变力量的体验之一。女性将生命带到世间，而男性出于保护和供养生命的目的，却要将其他的生命杀死。我对老年男子做过成千上万份调查，让他们选出最触及他们心灵、最能引起他们同情的经验，结果并不是成为人父的时刻（而绝大多数的女性选择生子的时刻），也不是教育年轻人的时刻，也不是亲人故去的时刻，而是剥夺一个动物生命的时刻。”

依照伊顿博士所言，打猎使男人更加富于同情心，也更加平和。正像他所说的:“如同妇女生育和照顾婴儿一般，追捕和猎杀动物是男性发展的基石……男人杀生以养育家人，而杀戮本身又能引起他的同情心，使他尊重生命，并为保护生命承担起更多道义上的义务。”[2]他调查了那些终生狩猎的男人，他们中的绝大多

数认为自己从打猎中获得了三条普世的美德:内心的平和，有耐心，谦卑。他举了吉米·卡特和纳尔逊·曼德拉的例子，同许多著名人物一样，这两位既是卓越的猎手，又是伟大的和平缔造者。[3]

除了打猎，唯有战争可以如此强烈地刺激男性同情心的产生。著名的美国先驱和开拓者大卫·克洛科特（Davy Crockett）在同印第安人的战斗中，体验到了强烈的对于人类生命的同情。[4]

男孩需要学会同情他人，否则他将变得自我中心并只关心自己的事情，这会给他生活中的其他人带来折磨。

一贯性

另一个男人成功的要素是一以贯之的能力。比如，许多 NBA 选手成为明星，但能进入名人堂的却少之又少，原因何在？因为，区分优秀球员和名人堂球员的关键是持久力，那是一种在一段很长的时间里持续发挥出色的能力，而不是仅仅一两个赛季表现出众。一个棒球手能够做到 30% 的安打率，有 30 个本垒打和 100 次击球得分就能算是球星了；假如他连续 10 年保持这样的数据就是一个超级球星，但还不足以使他进入名人堂；可是，如果一个球手将这样的数据保持 15~20 年，他保证会进入棒球名人堂（当然，前提是他没有造假行为）。

为什么一贯性如此重要呢？因为每个男孩都需要成为一个性格稳定、终生行事保持一致的男人。以我的经验来看，短时间内做到循规蹈矩是容易的，但要做到终生不渝便是万般困难了。那些没有学会保持一致性的男孩，将经受各种自相矛盾的选择和决定的折磨，将陷入各种道德和文化的陷阱难以自拔。这将不仅毁掉他的人生，而且还会殃及他的妻儿。

每当一个政治家在个人生活中犯下一个过错时，我总会听到有人为他的行为开脱：“他个人的生活同他的执政能力无关。”且慢，那是有关联的！品行就是品行，它渗透到了男人的灵魂当中，不可能只在这里显现而不在那里显现。男人不是电灯，有个开关可以随时切换。假如一个男人在他的个人生活中欺骗、撒谎、偷盗，你可以预料，他在自己的职业生涯里也不会洁身自好；反之亦然。

责任心

失败的准备，便是在准备失败。

——约翰·伍登（John Wooden）

在过去的几十年中，我们的文化经历着深刻的变革，我们的孩子变得以自我为中心和自我关注。前美式足球教练娄·霍尔茨（Lou Holtz）曾在一次大学联赛的电视直播里谈到他执教时的年轻球员和如今的球员的区别，他认为过去的球员很在意他们肩负的责任和义务，而现在的球员则只关心他们的权利和特权。

如今，我听到太多年轻人在谈论他们的权利：监狱里的年轻人谈论他们看电视的权利和放风的时间没有得到保障；高中学生谈论他们随意穿衣服的权利受到了剥夺；恐怖分子企图毁灭我们的国家，却还盼望着享受同样的宪法赋予的权利。

权利是最为本质的价值，出于人类的美德应该保证人们享有；特权则不是保障品，需要人们通过艰苦的工作和承担义务而获得。例如，最近一次经济危机的原因之一，便是把原本应该去挣得的特权，搞成了人人可拥有的权利。人人都被给予了拥有自己别墅的机会，却不管那人是否负担得起，或者是否可以通过努力工作而挣得。我们自由市场经济的坚实基础——这是有史以来最为成功的经济模式——并不是建立在这样的哲学之上的。

事实是，生活中根本没有那么多的权利。学校、媒体、文化教给青年们的绝大多数期望，都是特权而非权利。不存在那样一种权利，使你一定拥有大房子、开新车和获得高薪而又稳定的工作。孩子确实拥有一些权利，他有权拥有一个爱他并养育他的家庭，给他提供充足的食物、物资和基本的保障，他甚至还有权享有像样的教育和基本的医疗服务。超出这个范围，多数其他的事情都是特权，不应该被绝对保障。至少在美国，权利是宪法和权利法案赋予的，比如自由与平等、言论自由和携带武器。至少在我最后一次读宪法时，那里面写的文字还并不保证你有以下权利：16 岁时有一辆新车，卧室里有台电视，有一个手机（最好是智能手机），拥有高级的游戏机，有花不完的零花钱，等等。这些都是特权。我们很幸运地生活在一个充满机会的国家，可以通过自己艰苦的努力和奉献去赢得特权。在其他大多数国家里，这样的机会根本遥不可及。但是，孩子并没有权利拥有一切他们想要的东西，无论这些东西是否大多数孩子都有。

另外，孩子（包括青春期少年）不该拥有同成人一样的特权，因为他并没有挣得那些特权。所以，他们无权想去哪儿就去哪儿，也不能想跟谁就跟谁。假如他与你同住，你便有监护的责任，当他长成自食其力的成年人并自己独居后，只要他能获得并承担得起，他便能享有任何特权。因此，当孩子在家时，应由你来规定孩子可以拥有怎样的特权，而为了赢得那些特权，孩子应该展现出成熟而负责的行为来。太多的父母被唬得相信，如果他们取消了孩子的特权，便成了某种程度的虐待之举。

我们不能过度娇惯孩子，而是应该教他懂得，只要努力工作就会得到他想要的东西。当我们不让孩子吃苦，让他轻易得到任何想要的东西时，我们其实在灌输给他对生活不切实际的幻想。等他长大成人之后，他步入了真实的世界，那里没人在乎他的那些特权，没人会把东西主动递到他手中，于是他因幻梦破灭而变得怒气冲冲。生活是艰辛的，那些不做好准备的男孩很容易失败。我遇到过许多家境良好的父母，他们的孩子在成年后都被生活击垮。追忆以往，这些父母都承认，他们太过溺爱自己的孩子，轻易给他所需的一切，却没有教他学会如何去承担责任。

依赖成性的男人不可能成为家庭和社会的领导者，他们往往只自私地关注自己。

胆 识

如今你可能不太能听到有人常提及胆识一词，但这种品质却是我所羡慕的，它也需要通过不断努力而拥有。胆识意味着刚毅（这个词恐怕也不常听到）、勇敢和内心的力量。在线字典对胆识的定义是：1. 大胆、勇敢；2. 无畏；3. 有力量和充满活力；4. 精神及性格坚强。有胆识的年轻人在行事时大胆而自信，尤其面对困难

和危险时更加如此。他们具有坚定而持久的勇气，他们精神强健、身体耐劳，他们能经受住疲劳的折磨，他们具有大无畏的精神。

我有一个朋友，我知道他这些年正在经历最难熬的苦难，我不晓得他如何能够经受得起那样的痛苦。对于大多数男人来讲，那样的厄运足以令他们崩溃，但他每天仍旧高昂着头，带领着家人向前。他比任何我遇到的男人都要坚强和勇敢，我描绘不出自己有多么钦佩他。

这样的品质使男人避免了被动和犹豫不决，而正是被动和犹豫不决削弱了男人的力量，使他们不能成为强有力的领导者。生活势必是艰难的，因此我希望我女儿托付终身的男人，不要在生活的惊涛骇浪面前畏缩不前。

热 情

我特别羡慕那些对什么事都充满热情的年轻人，尤其是当那些事也配得起他们的热情时。在男人身上，热情是一种罕见的品质。当然，我知道男人对高尔夫、狩猎、钓鱼或赛车都热情十足，但对生活中的重大事情，他们却鲜有热情。

我的一个朋友着迷于体育，他每天都要训练并且经常参加比赛，在此项爱好上，他花费了大量的时间和金钱。他是个不错的人，但当请他去为没有父亲的男孩项目当志愿者时，他却推脱说没有时间；当请他为“单身母亲之家夏令营”捐款时，他推辞说自己金钱无多。坦率地讲，他甚至对他的妻子和孩子都没有什么特别的热情。

如果我们仅以所花时间的多寡来判断我们对某事的热情，那么别人将怎样评价我们的热情呢？更重要的是，我们应该自问，我们的热情是否倾注到了真正值得的地方。

保有健康的热情，可以令男人远离自满和被动的故步自封。

骑士风度

如今，骑士风度似乎已经消亡，或者像我的编辑所说的，“遭践踏而亡”。她长于德州，认为一个品行端正的旧日德州牛仔，可能是骑士风度的最后遗存。但我在牛仔竞技大会上见识过的多数牛仔，都像真正的“猎狗”一样（我没恶意，请诸位别介意）。不过，我的编辑有一点是对的，你如今已看不到多少男人具有骑士风度。当今的许多青年男子，已不必一定要赢得年轻女性的爱慕了，但假如你希望你儿子婚姻美满、生活成功，教他一些骑士风度会令他占尽先机。

以我与妻子为例，我们教育女儿应该期望一个男人来为他开门，尤其是汽车门。我儿子很自然地认为，作为一个男人，他对待妇女和儿童应该始终保持尊重和殷勤。我多次透过客厅的窗户看到，我女儿站在车门外面不动，而约她外出的小伙子已坐进车里发动了马达，然后他意识到自己犯了错误，连忙跑着绕过来帮她打开车门。我女儿用这种方法作为标尺去衡量中意她的小伙子，来判断他的品行如何。我相信，在女性择婿之时，主动选择远强于被动接受。而年轻男性为了赢得姑娘的芳心，具备骑士风度是一个很好的方法，他向女性展示了自己对她的关心和尊重，从而

可以博得女性的爱慕。我在本书前面的章节曾讲过，判断一个男人要重其行而轻其言。既然人所共知男人在谈恋爱时会最卖力地表现，那么一个在约会时便举止懈怠缺乏尊敬的男人，在婚后一定会变得更加差劲。

骑士风度当然不仅仅是礼貌，它其实是一种生活方式。一个人的日常穿衣打扮、行为举止都表明了他的个性。我不知道保持洁净是否与生活虔诚相关联，但我知道，我不要一个浑身恶臭的男人做女婿和我外孙的父亲。我还想观察，钟情于我女儿的小伙子如何对待身边的人和物。他如何对待我和我的妻子？如何对待他自己的父母？如何对待动物？如何对待弱势群体（如服务员、智障儿童、老年人、街头乞丐等）？

他的语言又是怎样的呢？他是否对他人轻慢？他是否消极？他是否对他人幸灾乐祸？他是否自大或者自卑？他是否追着去碾压路上的松鼠？他是否权欲熏心？他喜欢听什么音乐和看什么电视节目？他在这些问题上的态度部分地决定了他是一个骑士还是一个懦夫。

我希望的小伙子能尊敬我女儿，使她保有尊严，能珍爱和敬重她，能保护她，同时又能鼓励和滋养她，使她发展自己的潜能；我希望有个男人能把我女儿变成最好的女人、最好的妻子和最好的母亲；我希望有个男人有能力继续并完成我开启的事业。

智能

智能包括诸多因素：声音判断、常识判断力、直觉、适应力、理性思考能力、分析及识别能力等。另外，对继续深造和提高自己的渴望也是一种重要的智力因素。

1983 年，心理学家霍华德·加德纳（Howard Gardner）开发了一套多元智能理论，宣称人类存在多方面的智能，他最早将它们概括为 7 类，后来又增加了第 8 类：

1. 运动智能——调节身体运动和生理的能力，如运动员、舞蹈家；
2. 人际关系智能——使人们在一起良好协作的交际能力，如销售人员、政治家、教师；
3. 语言智能——娴熟运用口头和书面语言的能力，如作家、演说家、哲学家；
4. 内省智能——使人很好地认识自己的能力，如心理学家、神学家；
5. 数学逻辑智能——抽象思维和运用数字的能力，如科学家、医生、经济学家；
6. 视觉和空间感知智能——手眼协调能力和破解迷宫的能力，如艺术家、工程师、建筑师；
7. 音乐智能——适应乐曲和节奏的能力，如音乐家、歌手、作曲家；
8. 感受自然的智能——敏锐地感受自然变化的能力，如农民、园丁、博物学家、环保主义者。

自那以后，还有许多智能因素被提及，但都会排除心灵、存在和道德等因素。[5]

智能有不同的方面，而不仅仅是学习和背书的能力。理解这一点大有好处，它使人明白人们可能在某个领域具有才智，而在另外的领域却毫无天赋可言。因此，不能以某项才能的缺乏，就判断他没有才智。例如，像爱因斯坦那样的人，他在数学逻辑思考方面具有卓越的才华，却可能不擅长语言表达，因而在需要语言能力的领域便很难获得成功。但谁又能说爱因斯坦缺少智能呢？

我们对男性的一个巨大伤害是，不鼓励他们保持终身的学习。许多男人从学校毕业后，再也不曾拿起书本，大多数男性不参加讲座或培训，不学习新的知识或进行自我提高，尤其对人际关系方面的知识毫无兴趣。

作为择婿的标准，以上我谈到的那些方面，只是我考察指标的一部分。许多不易考量的品质，我往往都略而不提。例如，很难对年轻人的“心地”做出判断，但他心地的好坏却是最重要的品性。我观察到一件事情，即年轻人的品质似乎直接同他父母的性格和他成长的环境有关。这一点虽不绝对，却也是八九不离十。的确，有些孩子虽然成长在最好的环境里，也会有出昏招和大发雷霆的时候。但最常见的是，种瓜得瓜，种豆得豆。假如你想养一个有个性、有深度、有同情心的男孩，那么你和你儿子的父亲就需要在生活的每个方面，都展示出这样的品质来。

* * * * *

我们一直在探寻，在男孩通向男人世界的旅程中，如何给他最后的有力推动？现在，我们的探索已近尾声。我希望你已认识到，养育青春期的男孩充满了乐趣。尽管时常会遭遇挑战，但这是一段美妙的时光，让我们体验了许多重要的人生经历，也让我们有机会为自己的养育工作完美收官。但是且慢，在儿子长大成人之后，很快就会有孙辈的到来，我们又要开始新的长征。

是的，我们不能停止养育的工作，当孩子长大成人之后，我们只是角色发生了变化而已。有句老话说得好："父母养育子女，上帝就给他们孙辈作为报偿。"我当然希望如此。好好享受育儿的快乐吧！

延伸思考

※ 为什么教育青年男子尊重女性很重要？

※ 为什么男孩需要学会珍视努力工作的价值？他珍视吗？

※ 用什么方法可以教会你儿子同情他人？

※ 骑士风度常被认为已经过时，骑士风度的概念对于年轻男性是否重要？为什么？

注 释

引言：一只脚留在男孩世界，另一只脚已迈入男人世界

[1] 帕特里克·莫利（Patrick Morley），《镜子里的年轻人》（*The Young Man in the Mirror*, Nashville: Broadman &Holman, 2003），p76–77。

第 1 章 变化中的身体和心智：我的小男孩身上发生了什么？

[1] 迈克尔·古里安（Michael Gurian），《一个好青年》（*A Fine Young Man*, New York: Tarcher/Putnam, 1999），p77。

[2] 罗伯特·梅（Robert May），《性别差异的例证——性与幻想（男女发育的模式）》（*The Case for Sex Differences: Sex and Fantasy—Patterns of Male and Female Development*, New York: Norton, 1980）。

[3] "男孩与性发育"（"Boys and Puberty"，4Parents.Gov），2009 年 3 月 27 日。http://www.4parents.gov/sexdevt/boysmen/boyspuberty/index.html

[4] "男孩的成长"（"Boys Growing Up"，BBC Science & Nature），2010 年 1 月 8 日。http://www.bbc.co.uk/science/humanbody/

body/articles/lifecycle/teenagers/boy_s_growth.shtml

[5] 迈克尔·古里安（Michael Gurian），《男孩的奇迹》（*The Wonder* of Boys, New York: Jeremy P. Tarcher/Putnam, 1996），p11。

[6] 约书亚·S. 戈德斯坦（Joshua S. Goldstein），《战争与性别：性别如何塑造了战争以及战争如何改变了性别》（*War and Gender: How Gender Shapes the War System and Vice Versa,* Cambridge, UK: Cambridge University Press, 2001），chapter 3, attributed to Mazur and Booth 1998; Mazur and Lamb 1980;Booth et al. 1989; Archer 1991, 17 - 18; Geen 1998, 321; Blum 1997, 167;Turner 1994, 246; Baron and Richardson 1994, 257; Klama 1988, 77; fans:Bernhardt et al. 1998; lawyers: Dabbs, in Science, April 26, 1991: 513.http://www.warandgender.com/wgmaleag.htm#FN03_49

[7] 迈克尔·古里安（Michael Gurian），《一个好青年》（*A Fine Young Man*），p38 - 39。

[8] 同上，p38 - 40。

[9] 迈克尔·古里安（Michael Gurian），《男孩的奇迹》（*The Wonder of Boys*），p19。

[10] 迈克尔·古里安（Michael Gurian），《一个好青年》（*A Fine Young Man*），第 2 章。

[11] 埃德蒙顿·莫里斯（Edmund Morris），《西奥多·罗斯福的成长》（*The Rise of Theodore Roosevelt*, New York: The Modern Library, 1979）。

第 2 章　与青春期男孩交流：用他的语言交谈

[1] 阿尔伯特·梅拉宾（Albert Mehrabian）和苏珊·R. 费里斯（Susan R. Ferris），《心理学咨询杂志》（*Journal of Consulting Psychology 31*）第 3 期（1967 年 6 月），"从两种非语言途径进行态度推断"（"Inference of Attitudes from Nonverbal Communication in Two Channels"），p248－58。

[2] 迈克尔·古里安（Michael Gurian），《男孩的奇迹》（*The Wonder of Boys*），p16。

[3] "学生必须双目旁视以思考"（"Pupils Must Look Away to Think"，BBC News），2006 年 1 月 11 日。http://news.bbc.co.uk/2/hi/uk_news/education/4602178.stm

[4] 约翰·T. 莫洛伊（John T. Molloy），《为何男人娶某些女人而不娶另一些》（*Why Men Marry Some Women and Not Others*, New York: Warner, 2003），p124。

第 3 章　母亲和儿子：年轻男子需要从母亲那里得到什么？

[1] 保罗·库格林（Paul Coughlin），《释放勇敢的信心》（*Unleashing Courageous Faith*, Grand Rapids: Bethany, 2009），p20。

[2] 同上，p55。

[3] 奥布里·安德林（Aubrey Andelin），《天鹅绒般的铁汉》（*Man of Steel and Velvet*, Pierce City, MO: Pacific Press Santa Barbara, 1972），31, original emphasis.

[4] 瑞克·约翰逊（Rick Johnson），《男人的力量》（*The Power of a Man*, Grand Rapids: Revell, 2009），p191－92。

[5] 罗伯特·E. 霍华德（Robert E. Howard），《他们的记忆是

苦涩的树：黑海岸的女王和其他》（*"... and their memory was a bitter tree...": Queen of the Black Coast & Others, ed.* Tim Underwood, Nevada City, CA: Blackbart Books, 2008），p407。

第 4 章　父亲和儿子：年轻男子需要从父亲那里得到什么？

[1] 瑞克·约翰逊（Rick Johnson），"单亲家庭的学生是否存在教育结果上的差异"（"Is There a Difference in Educational Outcomes in Students from Single Parent Homes?" A Thesis Presented to the Graduate Program in Partial Fulfillment of the Requirements for the Degree of Masters in Education, Concordia University, Portland, OR，2009 年 11 月）。

[2] 多数摘自《男人的力量》（*The Power of a Man*），第 5 章。

[3] 罗杰斯·赖特（Rogers Wright）和尼古拉斯·卡明斯（Nicholas Cummings）《精神健康中的毁灭倾向：善意的伤害之路》（*Destructive Trends in Mental Health: The Well-Intentioned Path to Harm*, New York: Routledge, 2005）。

[4] 埃德蒙顿·莫里斯（Edmund Morris），《西奥多·罗斯福的成长》（*Rise of Theodore Roosevelt*），p11 - 12。

[5] 同上，p32。

[6] 同上，p13。

第 5 章　健康的男子气概：男子汉的标志

[1] 迈克尔·古里安（Michael Gurian），《男孩的奇迹》（*The Wonder of Boys*），p29。

[2] 奥布里·安德林（Aubrey Andelin），《天鹅绒般的铁汉》（*Man of Steel and Velvet*），p9。

[3] 同上。

[4] 同上，p13。

[5] 维基百科词条，鲍勃·马利（Bob Marley），2009年12月30日。http://en.wikipedia.org/wiki/Bob_Marley

第 7 章　危险：猛兽出没之地

[1] 迈克尔·古里安（Michael Gurian），《一个好青年》（*A Fine Young Man*），p277。

[2] 威廉姆·波洛克（William Pollock），《真正的男孩：从男孩时代的神话中拯救男孩》（*Real Boys: Rescuing Our Sons from the Myths of Boyhood*, New York: Henry Holt & Co., 1998），pxxi。

[3] 迈克尔·古里安（Michael Gurian），《男孩的奇迹》（*The Wonder of Boys*），p183。

[4] “理解和养育男孩：男孩在学校”（“Understanding and Raising Boys: Boys in School”, PBS Parents）。http://www.pbs.org/parents/raisingboys/school.html

[5] “有关男孩和男孩时代的更多数据——男孩和学校”（“More Statistics about Boys and Boyhood: Boys and School”, Supporting Our Sons. Note on sources: The majority of these statistics have been culled from two books: Dr. William Pollock, Real Boys, and Drs. Dan Kindlon and Michael Thompson, Raising Cain: Protecting the Emotional Life of Boys. For further information

on the statistics above, feel free to contact us at members@supportingoursons.org)。http://www.supportingoursons.org/misc/moreinfo.cfm

[6] 佩格 · 泰尔（Peg Tyre），“关于所遇麻烦的报告卡”（“Report Card on Boys Troubling”, Chicago Tribune, October 13, 2008. Read more at Suite101.com: “A Nation of Boys At-Risk: Statistics on Boys and School Are Very Disturbing”）。http://educationalissues.suite101.com/article.cfm/a_nation_of_boys_atrisk#ixzz0d2etjIkN

[7] 詹姆斯 · 多布森（James Dobson），《养育男孩》（*Bringing Up Boys*, Wheaton: Tyndale, 2001），p33–34。

[8] 收集自保罗 · 库格林（Paul Coughlin），“抵御欺凌”（“Bullying Defined”, Crosswalk.com）。http://www.crosswalk.com/parenting/11595601/

[9] 同上。

[10] 约翰 · 埃尔德雷奇（John Eldredge），《内心狂野》（*Wild at Heart*, Nashville: Thomas Nelson, 2001），p80。

[11] 克里斯蒂娜 · 霍夫 · 萨默斯（Christina Hoff Sommers），《对男孩宣战》（*The War against Boys*, New York: Simon &Schuster, 2000），p1。

[12] 兰道尔 · 伊顿（Randall Eaton），《从男孩到男人：打猎作为成人仪式》（*From Boys to Men of Heart: Hunting as a Rite of Passage*, Shelton, WA: OWLink Media, 2009），p59。

[13] 见“美国青年政策论坛”［“American Youth Policy Forum”, Whatever It Takes: How Twelve Communities Are Reconnecting Out-of-

School Youth, p1, "Every Nine Seconds in America a Student Becomes a Dropout", Research presented by J. P. Greene and M. A. Winters during a Connect for Kids and National Education Association conference call on the Dropout Crisis (February 2005) found the African American graduation rate in 2002 to be 56%, Latinos 52%, and Whites 78%]。http://www.aypf.org/publications/WhateverItTakes/WIT_nineseconds.pdf

[14] 凯瑟琳・彼得（Katharin Peter）、劳拉・霍恩（Laura Horn）和 C. 丹尼斯・卡罗尔（C. Dennis Carroll），"本科教育中的性别差异以及变化"（"Gender Differences in Participation and Completion of Undergraduate Education and How They Have Changed Over Time", Postsecondary Education Descriptive Analysis Reports, National Center for Education Statistics, US Department of Education），2005 年 2 月，p7。

[15] "2013 年教育数据预估"（"Projections of Education Statistics to 2013", National Center for Education Statistics, US Department of Education），2003 年 10 月，图 14。

[16] 迈克尔・古里安（Michael Gurian），《一个好青年》（*A Fine Young Man*），p14 - 15，p17。

[17] "理解和养育男孩：男孩在学校"（"Understanding and Raising Boys: Boys in School", PBS Parents）。http://www.pbs.org/parents/raisingboys/school.html

[18] "更多学校测试单性别教室"（"More Schools Test Single-Sex Classrooms", MSNBC US News & Education），2006 年 6 月 6 日。http://www.msnbc.msn.com/id/13229488/

[19] 尤威亚·麦克道尔（Urvia McDowell）、MS 和特德·G. 福特瑞斯（Ted G. Futris），“危险的青春期——非法药物的使用”（“Adolescents at Risk: Illicit Drug Use”, FLM–FS–15–02, Family Life Month Packet 2002, Family and Consumer Sciences, Campbell Hall, CFLE, Department of Human Development and Family Science, Ohio State University）。http://ohioline.osu.edu/flm02/FS15.html

[20] Adolescent Substance Abuse Knowledge Base, various studies performed by the National Household Survey on Drug Abuse (NHSDA).http://www.adolescent–substance–abuse.com/state–stats.html

[21]“冰毒”（Methamphetamine）。

[22] 同 19。http://en.wikipedia.org/wiki/Methamphetamine

[23] Substance Abuse and Mental Health Services Administration，《家庭结构与青春期毒品滥用的关系》(*The Relationship between Family Structure and Adolescent Substance Use,* ockville, MD: National Clearinghouse for Alcohol and Drug Information, 1996)。

[24] R. E. 丹顿（R. E. Denton）和 C. M. 肯普法（C. M. Kampfe），“家庭变数与青春期毒品滥用的关系”（“The Relationship between Family Variables and Adolescent Substance Abuse: A Literature Review,” *Adolescence* 114, 1994），p475–495。

[25] US Department of Health and Human Services，《儿童健康调查》(*Survey on Child Health*, Washington, DC: National Center for Health Statistics; GPO, 1993)。

[26] J. 霍夫曼（J. Hoffman）和 R. 约翰逊（R. Johnson），“国内家庭结构的概况与青春期毒品使用”（“A National Portrait of Family Structure and Adolescent Drug Use”, *Journal of Marriage and the Family* 60, 1998），p633–645。

[27] R. 韦奇沃斯（R. Wedgeworth），“2004 成人文化水平状况”（“State of Adult Literacy in 2004, ProLiteracy President’s State of Literact Report 2004”,http://www.proliteracy.org/NetCommunity/Document.Doc?id=12

[28] Demographics, http://medicine.creighton.edu/idc242/2005/Group6/Demographics.htm

[29] US Department of Justice, Office of Justice Programs, Bureau of Justice Statistics, spreadsheet，“国内数据——犯罪被捕的数字（18 岁以下）”［“National Data—Number of Arrests for Violent Crimes (juveniles under 18), and spreadsheet “Arrests by Age Group, 1970 - 1999”］, http://www.ojp.usdoj.gov/bjs/dtdata.htm

[30] C. 哈泊（C. Harper）和 S. 拉纳汉（S. Lanahan），“父亲缺失与青年监禁”（“Father Absence and Youth Incarceration”, Working Paper #99–03, Center for Research on Child Well–Being, Princeton University, 1999）。

[31] 菲尔・查莫斯（Phil Chalmers），《一个少年杀手的内心世界》（*Inside the Mind of a Teen Killer*, Nashville: Thomas Nelson, 2009），p17。

[32] 同上，p23。

[33] 同上，p16 - 17，p62。

第 8 章　发展健康的性行为

［1］J. C. 安比马（J. C. Abma）等人，“美国青春期少年：性活动、避孕及生育”（“Teenagers in the United States: Sexual Activity, Contraceptive Use, and Childbearing, 2002”),《 生命和健康统计 》杂志（*Vital and Health Statistics*），2004 年，系列 23, 第 24 期 , http://www.guttmacher.org/pubs/fb_ATSRH.html

［2］同上。

［3］“国家阻止青少年怀孕运动（2004 年)”［“National Campaign to Prevent Teen Pregnancy（2004)”,. Factsheet: How is the 34% statistic calculated? Washington, DC: Author)。

［4］R. A. 梅纳德（R. A. Maynard）等人,《少年生育：罗宾汉基金会一份关于青少年生育费用的特别报告》(*Kids Having Kids: A Robin Hood Foundation Special Report on the Costs of Adolescent Childbearing*, New York: Robin Hood Foundation, 1996)。

［5］The Annie E. Casey Foundation, *2004 Kids Count Data Book: Moving Youth from Risk to Opportunity*, Baltimore, MD, p11.

［6］Centers for Disease Control (CDC)，“非婚生育：2005 年数据”（“Unmarried Childbearing, Final Data for 2005, Tables C and 18”, National Center for Health Statistics, 2009)。
http://www.cdc.gov/nchs/FASTATS/unmarry.htm

［7］约翰逊（Johnson），“教育效果是否有所差异？”（“Is There a Difference in Educational Outcomes?”）。

［8］Child Trends, *Facts at a Glance*, Publication #2006-03, Kaiser

Family Foundation, 2006。

http://www.kff.org/womenshealth/upload/3040-03.pdf

[9] Centers for Disease Control and Prevention, "性器官性病感染"（"Genital HPV Infection. Online Fact Sheet"），2005 年 5 月 9 日，http://www.cdc.gov/std/HPV/STDFact-HPV.htm

[10] CDC，"性传播疾病的监控"（"Sexually Transmitted Disease Surveillance", Kaiser Family Foundation, 2004），http://www.kff.org/womenshealth/upload/3040-03.pdf

[11] H. 温斯托克（H. Weinstock）、S. 伯曼（S. Berman）和小 W. 卡特（W. Cates Jr.），"美国青少年中的性传播疾病：2000 年发病率与流行率估计"（"Sexually Transmitted Diseases among American Youth: Incidence and Prevalence Estimates, 2000"），《透视性和生殖健康》杂志（*Perspectives on Sexual and Reproductive Health*），2004 年 36 卷，p6-10。

[12] J. R. 卡特（J. R. Cates）、N. L. 赫恩登（N. L. Herndon）、S. L. 舒尔茨（S. L. Schulz）和 J. E. 达罗奇（J. E. Darroch），《我们的声音、我们的生活、我们的未来：青年和性传播疾病》（*Our Voices,Our Lives, Our Futures: Youth and Sexually Transmitted Diseases*, Chapel Hill,NC: University of North Carolina at Chapel Hill School of Journalism and Mass Communication, 2004）。

[13] 杰夫·珀基斯（Jeff Purkiss），《骑士的学徒：教导我们青春期的男孩》（*Squires to Knights: Mentoring Our Teenage Boys*, N.p.: Xulon Press, 2007），p44-45。

[14] 比尔·塔弗纳（Bill Taverner）和苏·蒙特福特（Sue Montfort），

"理解禁欲：全面性教育"（"Making Sense of Abstinence: Lessons for Comprehensive Sex Education", The Center for Family Education, Planned Parenthood of Greater Northern New Jersey），2005 年，p61。

[15] 杰里·罗皮雷多（Jerry Ropelato），"网络色情统计"（"Internet Pornography Statistics"），2006 年 1 月，http://www.internetfilter-review.toptenreviews.com/internet-pornography-statistics.html

[16] AWARE，"幻觉：有关色情影像被掩盖的事实"（"Illusions: Uncovering the Truth about Pornography", Facilitators Guide），2007 年，p18。

[17] AWARE, Help 4 Parents，"吸引或成瘾"（"Attracted or Addicted: Are Your Kids on a Ride They Can't Get Off?" Cheap Thrills），p7。

[18] 改编自马克·B. 卡斯特勒曼（Mark B. Kastleman），《新世纪的药物：网络色情快速作用于大脑和身体的科学原理》（*The Drug of the New Millennium: The Science of How Internet Pornography Radically Alters the Human Brain and Body*, Orem, UT: Granite Publishing Co., 2001）。

[19] 斯蒂芬·阿特伯（Stephen Arterburn）、弗雷德·斯托克（Fred Stoecker）和麦克·约凯（Mike Yorkey），《每个男人的战争》（*Every Man's Battle*, Colorado Springs: WaterBrook, 2000），p63。

第 9 章　精神的遗产：众神与怪兽

[1] 兰道尔·伊顿（Randall Eaton），《从男孩到男人：打猎作为

成人仪式》(*From Boys to Men of Heart*), p59。

[2] 大卫·金纳曼 (David Kinnaman) 和加布·里昂 (Gabe Lyons),《非基督徒》(*unChristian*, Grand Rapids: Baker, 2007), p26。

[3] 大卫·马洛 (David Murrow),《为何男人讨厌去教堂? 》(*Why Men Hate Going to Church* ? Nashville: Thomas Nelson, 2005), p6。

[4] 同上。

[5] 保罗·库格林 (Paul Coughlin),《再无基督好男人》(*No More Christian Nice Guy*, Grand Rapids: Bethany, 2005), p34。

[6] 保罗·库格林 (Paul Coughlin),《释放勇敢的信心》(*Unleashing Courageous Faith*), p142。

[7] 同上。

[8] Some Guy, 阿尔伯特·爱因斯坦语录 (Albert Einstein quotes), 2006 年 , http://www.some-guy.com/quotes/einstein.html#relativity

第 10 章　培养受益终生的性格

[1] 奥布里·安德林 (Aubrey Andelin),《天鹅绒般的铁汉》(*Man of Steel and Velvet*), p169。

[2] 威廉·莎士比亚 (William Shakespeare),《哈姆雷特》(*Hamlet*), 第二幕, 场景二。

[3] "五毛钱: 父亲的数字? " ("50 Cent: Father Figure?" The Best of Men), 2006 年 6 月 13 日 , http://www.thebestofmen.com/fatherhood.htm

[4] 马丁·路德·金 (Martin Luther King Jr.), "教育的目的" ("The Purpose of Education" Speech, Morehouse College, 1948)。

第 11 章　自律：在实践中学习

[1] 奥布里·安德林（Aubrey Andelin），《天鹅绒般的铁汉》（*Man of Steel and Velvet*），p169.

[2] 同上，p171－172。

[3] “信用卡债务统计”（“Credit Card Debt Statistics”, Money-Zine.com），http://www.money-zine%20.com/Financial-Planning/Debt-Consolidation/Credit-Card-Debt-Statistics

[4] 理财知识统计，美国青年理财教育中心（Young Americans Center for Financial Education），http://www.yacenter.org/index.cfm?fuseAction=financialLiteracyStatistics.financialLiteracyStatistics

[5] “大学生的信用卡”（“College Student Credit Card”），http://www.collegestudentcreditcard.com/articles6.html

[6] “大学生的 27 个花钱窍门，慢慢致富”（“27 Money Tips for College Students, Get Rich Slowly”），2006 年 8 月 30 日，http://www.getrichslowly.org/blog/2006/08/30/27-money-tips-for-collegestudents/

第 12 章　领导力：教你的孩子成为领导者

[1] 保罗·库格林（Paul Coughlin），《释放勇敢的信心》（*Unleashing Courageous Faith*），p19。

[2] 来自托尼·罗瑞（Tony Rorie）的邮件，已授权，2009 年 6 月。

[3] 杰夫·珀基斯（Jeff Purkiss），《骑士的学徒：教导我们青春期的男孩》（*Squires to Knights: Mentoring Our Teenage Boys*），第 1 章。

[4] 约翰·埃尔德雷奇（John Eldredge），《男子汉养成班》（*The Way of the Wild Heart: A Map for the Masculine Journey*, Nashville: Thomas Nelson, 2006），p6。

[5] 罗伯特·刘易斯（Robert Lewis），《养育现代骑士：父亲在引导孩子进入真正男人时代的作用》（*Raising a Modern-Day Knight: A Father's Role in Guiding His Son to Authentic Manhood*, Wheaton: Tyndale, 1997），p99。

[6] 同上，p51–59。

[7] 保罗·库格林（Paul Coughlin），《再无基督好男人》（*No More Christian Nice Guy*），p126。

[8] 奥布里·安德林（Aubrey Andelin），《天鹅绒般的铁汉》（*Man of Steel and Velvet*），p12。

[9] 迈克尔·古里安（Michael Gurian），《男孩的奇迹》（*The Wonder of Boys*），p30。

[10] 奥布里·安德林（Aubrey Andelin），《天鹅绒般的铁汉》（*Man of Steel and Velvet*），p155。

[11] See "NIDA InfoFacts: Steroids (Anabolic–Androgenic)", National Institute on Drug Abuse, http://www.drugabuse.gov/infofacts/steroids.html

[12] "类固醇值得你冒险吗？"（"Are Steroids Worth the Risk?" *Teens Health*），2009 年 12 月 22 日，http://www.kidshealth.org/teen/exercise/safety/steroids.html

第 13 章　追求我女儿，你儿子需要知道的事情

[1] "尊敬与负责：有关儿童打猎的真相"（"Respect and Responsibility:

The Truth about Kids Who Hunt”, DVD recording, produced by Randall Eaton, PhD, 1997)。

[2] 兰道尔・伊顿（Randall Eaton）,《从男孩到男人：打猎作为成人仪式》(*From Boys to Men of Heart:Hunting as a Rite of Passage*)，pxlix。

[3] 同上。

[4] 纪录片《狩猎英雄》(Documentary, *Hunter Heroes: Daniel Boone and Davy Crockett*, The History Channel), 2009 年 9 月 28 日。

[5] “Intelligence”，维基百科（Wikipedia），http://en.wikipedia.org/wiki/Intelligence

译后记

越来越多的人认为，我们的社会对男孩的教育出了问题，一些教育专家甚至喊出了“拯救男孩”的口号。男孩真的需要拯救吗？人们对于该问题或许会有一番争论，但假如我们换一种比较平和的说法，比如“帮助男孩”，也许讨论的焦点就不再那么激烈和集中了，人们或许会提出一些更富于建设性的意见。

本书的作者便是在“如何帮助男孩”这个层面给出了他自己的答案。

本书作者里克·约翰逊在北美地区小有名气，在如何做父亲方面是个专家。他不是一个教育理论家，因此他讨论的问题不带有任何的实验性和探索性，都是他自己在实践中遇到和需要解决的问题。但同时，作者并不是一个简单的育儿得法的父母，或是一个经验丰富的教师，他是一个大型教育运动的组织者、推动者和实施者，因而他有着更为宏观的视角，他对男孩的成长问题有着更广泛的见识和更深刻的理解。

那么在作者看来，男孩的问题究竟出在哪里呢？如果加以简单的概括，那便是：优秀的男人在男孩教育中几乎完全缺失了，取而代之的是妈妈们用过于女性化的方式管教男孩。这确实是一个简单而深刻的观察，相比于当今社会热衷讨论的男孩教育问题，诸如严管还是放任、穷养还是富养、住校还是住家、上国内名校还是海外留学，等等，男人在男孩教育中的失位现象却鲜有深入的讨论。而作者认为这才是一个更为重要的问题，因为，无论采取何种教育模式，我们最终都要回答一个核心问题：由谁来实施？

并且可以进一步追问，哪些人最能满足男孩的成长需要？

没有人会否认模仿是孩子最重要的学习方式，他们通过模仿而获得生命中最重要的一切。那么模仿谁呢？人们在此往往会使用一个似是而非的概念——榜样。很多人把众多美好的愿望包装进这个词汇当中，最终把它虚化成了故事里的形象，并奢望用讲故事的方式来陶冶孩子的情操，用树立偶像来督促孩子进步。孩子们当然会牢记那些形象和偶像，但他们往往不知如何去做，于是那些东西反而变成了自卑与自责的发源地。

孩子需要一个（或一些）具体的与他生活在一起的成人加以效仿，这是作者对于青少年教育最根本的观点。从这个观点出发，他进一步提出，男孩的成长之所以出现如此多的问题，其首要问题便是父亲（或其他男性抚养者）的缺失或失职。如今，有越来越多的男孩由女性养育，并由女性来教育，他们生活在一个过于女性化的环境中，他们熟悉的是女性的世界，他们模仿的对象也都是一个个女性。日久天长，他们逐渐地被女性化了，接纳了女性看待问题的视角和女性处理问题的方式。在童年时代，这个问题还不那么突出，但当男孩开始走进青春期，当他们的性别意识开始觉醒，内在的动力开始驱使他们发展自己的男性本色，并期望被男性世界接纳时，他们便开始茫然地陷入了困境，因为他们发现，男性世界里的许许多多东西都同自己的习惯格格不入。他们被夹在了一个尴尬的中间地带，身后是他们想要脱离的女性世界，前面是令他们恐惧又不知该怎样进入的男性世界，这种进退维谷的局面，造成了种种严重的后果。

本书作者多年来一直致力于解决上述问题，他发起并组织了多个针对男孩教育的项目，成功地帮助了数以千计的男孩及其家

庭。他的方法粗略地讲可分成两个部分：一是传授知识，向男孩的抚养者（主要是孩子的母亲）传授有关男孩生理和教育方面的知识，剖析错综复杂的男孩成长过程，让母亲更好地理解自己的孩子，明白男女之间的差别所在，清楚用怎样的方式同男孩（尤其是处于青春期的男孩）沟通更为有效，并找到真正适合男孩的教养方式。在本书中，此方面的内容占了很大的篇幅，阐述得也相当清晰和全面。另一方面，男孩的成长必定离不开一个健康的男性氛围，必须要有出色的男人手把手地指导男孩的成长，用男人的方式传授给男孩生活的技巧和道理。于是，作者的第二个关注点是建立一个男性志愿者团队，让更多的男孩有机会同优秀的男人相处，近距离地模仿这些男人，从而受到他们的健康影响。同时，作者鼓励父亲更为积极地参与男孩的教育，不是那种家长式的说教或管理，而是同儿子更多地相处，一起做一些日常的事情。父亲在男孩那里有天然的威信，每个男孩都会自觉或不自觉地认真模仿父亲的行为举止，这为男孩的教育提供了最有效的渠道。

总之，这是一本很有说服力的书，笔者在翻译的过程中也受到了很大影响。笔者也有一个正在上小学的儿子，因而对书中提到的许多问题都有切身的感受，它纠正了笔者很多对男孩教育的错误理解，并使笔者产生了赶快行动起来的冲动。

希望有更多的家庭能够从这本出色的书中受益，一起行动起来，将我们的儿子养育得朝气蓬勃、威武雄壮。

译者

2011 年 5 月于北京

图书在版编目（CIP）数据

妈妈如何帮助青春期男孩：培养杰出男人妈妈应从哪些方面着手 /（美）里克·约翰逊著；杜冰译 . — 北京：北京联合出版公司，2017.3
ISBN 978-7-5502-9803-3

Ⅰ . ①妈… Ⅱ . ①里… ②杜… Ⅲ . ①男性—青春期—家庭教育 Ⅳ . ① G78

中国版本图书馆 CIP 数据核字（2017）第 031452 号

北京市版权局著作权合同登记图字：01-2017-0624

妈妈如何帮助青春期男孩

总 策 划：苏　元
责任编辑：管　文
特约编辑：陈朝阳
装帧设计：主语设计

北京联合出版公司出版
（北京市西城区德外大街 83 号楼 9 层 100088）
北京联合天畅发行公司发行
北京凯达印务有限公司印刷 新华书店经销
字数 190 千字 710mm × 1000mm 1/16 17.25 印张
2017 年 3 月第 1 版 2017 年 3 月第 1 次印刷
ISBN 978-7-5502-9803-3
定价：39.80 元
